KB273910

AI한테 내 생각을
맡겨도 될까?

불안해!

불안해!

맡겨 봐!

맡겨 봐!

맡겨 봐!

불안해!

불안해!

맡겨 봐!

AI한테 내 생각을 맡겨도 될까?

AI와 비판적 사고

박승억 글 / 김소희 그림

AI 시대 생각 근육 키우기

요즘은 온통 AI 이야기입니다. 그만큼 AI 기술이 빠르게 발전한다는 뜻이겠죠. 하지만 그로 인해 우리 사회가 어떻게 변화할지 가늠하기 어렵다는 뜻이기도 합니다. 우리가 AI와 함께 살아가야 한다는 것은 이제 돌이키기 어려운 흐름이 되었어요. 이 책을 읽는 독자라면 아마도 그런 문제에 관심이 있을 거예요. 실제로 AI는 우리의 삶을 놀랍도록 편하게 해 주고 일의 능률도 올려 주고 있어요. 궁금한 것이 있을 때 필요한 정보를 찾아 주는 것은 물론이고, 대화 상대가 되어 주기도 하고, 글쓰기 숙제가 있다면 글도 대신 써 주고, 중요한 발표 자료도 만들어 줄 정도예요.

어떤 기술이 사람들 사이에서 광범위하게 사용되고, 그 덕에 많은 것들이 변화하게 될 때 우리는 그 기술을 '범용 기술'이라고 불러요. 전기 같은 기술이 바로 그렇죠. 인류가 전기를 쓰게 되면서 너무나 많은 것이 변했어요. 한번 상상해 볼까요. 지금부터 한 달 정도 전기를 사용할 수 없다고 생각해 보세요. 스마트폰도 사용할 수 없을 거예요. 그때 여러분은 어떨 것 같은가요? 만약 인류가 어느 날 갑자기 전기를 사용할 수 없게 된다면 어떻게 될까요? 거의 모든 공장이 멈출 것이고, 밤이 되었을 때 도시는 암흑천지가 될 거예요. 아마도 인류 문명은 붕괴 직전까지 갈 거예요. 앞으로 AI는 전기와 같은 범용 기술이 될 거예요. 그렇게 AI가 전기만큼이나 우리에게 꼭 필요한 기술이 되었을 때, 만약 AI를 사용할 수 없는 상황이 되면 우리는 어떻게 될까요?

인간은 오랫동안 스스로를 특별한 존재라고 생각해 왔어요. 그 이유는 인간이 생각하는 존재이기 때문이었어요. 그래서 스스로를 호모사피엔스라고 불러왔지요. 하지만 AI 기술이 이렇게 계속 발전해 간다면 어떻게 될까요? AI가 인간처럼, 아니 인간보다 더 뛰어나게 계산하고 판단할 수 있게 된다면, 우리는 어떻게 변할까요?

AI 기술이 점점 더 발전해서 인간이 하는 거의 모든 일을 AI가 대신 처리한다면 우리는 무슨 일을 하며 살게 될까요? 벌써 AI로 인한 대량 실업이 시작되었다는 뉴스도 나오고 있어요. 혹시

AI가 직장 상사 노릇을 하고 우리는 AI가 시키는 일만 하는 처지가 되지는 않을까요? 만약 AI가 나라의 정책 결정에 참여해서 이웃 나라와의 경쟁에서 이기기 위해서는 전쟁을 일으킬 수밖에 없고, 현재 조건에서 우리가 이긴다고 판단했을 때 정치 지도자들이 전쟁의 유혹에 빠져들지는 않을까요? 그래서 지구촌 곳곳에서 끔찍한 폭력이 일어나지는 않을까요? 우리보다 더 많은 정보로 더 정확하게 판단하는 AI를 과연 인류는 통제할 수 있을까요?

사회가 사람들의 생각보다 빠르게 변화할 때는 많은 문제가 생겨요. 그중에는 한 번도 겪어 보지 못한 문제도 있죠. 겪어 보지 못했다는 것은 그 문제를 어떻게 풀어야 할지 답을 찾기 어렵다는 뜻이기도 해요. AI 기술의 발전이 바로 우리를 그런 상황으로 몰고 가고 있어요. 아마도 여러분은 그런 도전에 맞서 새롭고 창의적인 해법들을 찾아야 하는 첫 세대가 될 거예요.

이때 제일 먼저 해야 할 것은 무엇일까요? 바로 이런 변화의 의미가 무엇인지를 스스로가 생각해 봐야 한다는 거예요. 이 책에는 그런 상황에서 우리가 생각해 봐야 할 것들에 관한 이야기들이 있어요. 그런데 혹시 여러분은 뭔가를 골똘히 생각하기가 귀찮지는 않은가요? 생각한다는 것은 몸에 밴 습관과도 같아서 생각하기 귀찮아하면 깊이 있는 생각을 할 수 없죠. 모처럼 운동한다고 마음먹고 헬스장에 가서 무거운 역기를 들 수 있을까요? 꾸준한 훈련으로 몸의 근육을 늘려야 하듯이 생각하기도 훈련과 연습이 필요해요. 그런 연습 중 제일은 호기심을 갖고 질문을 던지는 일이죠. 자, 그럼 두뇌 헬스장에 들어간다는 마음으로 다음 페이지로 넘어가 볼까요.

차례

프롤로그

1장
지금은 AI 시대

2장
비판적 사고란 무엇일까?

3장
비판적 사고를 잘하려면?

4장
비판적 사고와 문제 해결

5장
비판적 사고와 창의성

6장
비판적 사고와 다양성

7장
미래 시민의 조건

1장

지금은 AI 시대

1
누구를
구해야
할까?

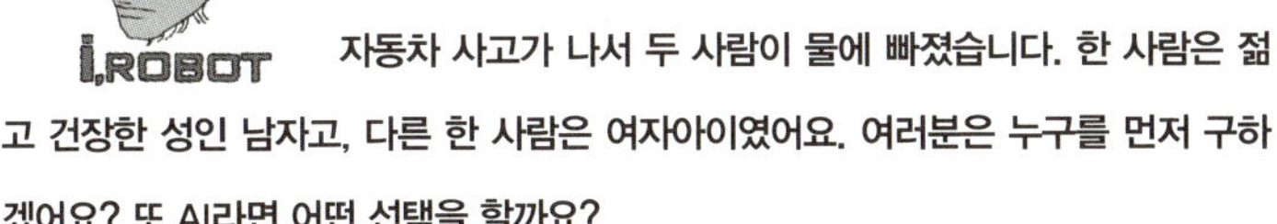

자동차 사고가 나서 두 사람이 물에 빠졌습니다. 한 사람은 젊고 건장한 성인 남자고, 다른 한 사람은 여자아이였어요. 여러분은 누구를 먼저 구하겠어요? 또 AI라면 어떤 선택을 할까요?

이 이야기는 2004년에 개봉했던 영화 〈아이, 로봇〉에 나오는 에피소드입니다. 자동차 사고로 물에 빠진 젊은 남자는 영화의 주인공이었는데 형사였어요. 사고가 났을 때 마침 근처에 있던 로봇이 물속으로 뛰어들었죠. 형사는 자신을 구하러 온 로봇에게 여자아이를 먼저 구해 달라고 요청합니다. 하지만 로봇은 아이가 아니라 형사를 구하죠. 로봇은 왜 형사의 요청을 거부했을까요? 로봇의 구조를 받아 물 위로 올라가면서 형사는 의식을 잃어 가는 여자아이의 눈을 보게 돼요. 그때부터 형사는 로봇을 혐오하게 됩니다. 자기 때문에 한 아이가 죽었다는 죄책감 때문에요.

왜 자기를 먼저 구했냐고 따지는 형사에게 로봇은, 당신은 살 확률이 높았지만 여자아이를 먼저 구한다면 당신은 죽었을 것이고, 아이는 생존할 확률이 높지 않았다고 판단했기 때문이라고 대답해요. 설명을 들으면 로봇의 판단이 합리적이었다는 생각도 들죠. 하지만 우리는 그 형사의 마음도 이해가 갑니다. 약자를 우선해서 돕는 게 보통 사람의 정서니까요. 그래서 로봇과 똑같이 판단했더라도 아이를 먼저 구하려고 했을 사람도 적지 않을 거예요.

합리적인 선택이 늘 정당하진 않아

이 이야기는 많은 생각을 하게 만들어요. '그런 상황에서 어떻게 선택하는 것이 합리적일까?' '또 합리적인 선택이었다고 하더라도 그것은 도덕적으로 정당화될 수 있을까?' 선뜻 대답하기 어려운 물음들이죠. 여러분도 짐작하겠지만, 정답은 없어 보여요. 그렇다고 답을 할 수 없는 질문도 아니죠. 어쨌든 우리는 선택을 해야 하니까요.

만약 내 인생에서 이와 비슷한 선택을 해야 한다면 어떨까요? 잘못 선택하면 크게 후회할 것 같은 상황에서 여러분은 어떻게 하나요? 혼자 결정하기 어려울 때 누군가에게 도움을 받기도 하죠. 그렇다고 나는 아무 생각도 안 하고 그저 남에게 의지하는 것도 썩 내키지는 않아요. 남이 선택한 대로만 살아야 한다면, 내 삶의 주인공이 누구인지 의심스럽겠죠.

우리의 삶은 끊임없는 선택의 연속이에요. 뭘 먹을까 고민하는 사소한 일부터 대학에서 어떤 전공을 선택할지 결정하는 일처럼 인생의 중요한 선택들이 끝없이 우리 앞에 놓여 있죠. 이런 상황에서 우리를 힘들게 하는 것은 불확실성이에요. 지금 내 선택이 어떤 결과를 낳을지를 미리 알 수 있다면 우리가 고민할 이유도 없을 테니까요.

생존 확률을 계산해서 최선을 선택했다는 로봇에게 여러분은 어떻게 대답할 수 있을까요? "나는 너의 선택이 합리적이었다고 봐. 왜냐하면 좋은 결과가 나올 확률을 최대한 높이는 것이 합리적이니까"라고 대답하거나, "아니야, 그것이 좋은 선택이었다고 보지 않아. 기적이 일어나서 형사가 차에서 빠져나오고, 아이는 로봇에게 구조되면 두 명의 목숨을 살리는 거니까"라고 대답할 수도 있겠죠. 어찌 되었든 자신이 한 선택에 대해 나름의 이유를 가지고 대답할 수 있다면, 다른 중요한 선택에 대해서도 자기만의 판단 기준을 갖고 삶을 꾸려 갈 수 있을 겁니다. 내 삶의 주인공이 되는 것이죠. 그런데 만약 뭔가를 선택해야 하는 상황에서 자꾸 주저하고 두려워한다면 자신의 삶에서 주인공이 되는 일도 점점 더 어려워질 거예요.

이 이야기가 중요한 것은 단지 정답이 없는 상황에서 선택을 해야 하는 인간의 삶을 흥미롭게 다뤘기 때문만은 아니에요. 20여 년 전까지만 해도 그저 SF 영화에나 나올 법한 일들이 이제는 우리의 현실이 되어 가고 있기 때문이죠. 바로 AI 기술이에요. 인간만큼, 아니 어쩌면 인간보다 더 빠르고 정확하게 판단하는 AI들이 우리 일상으로 스며들고 있어요. 앞으로는 AI와 함께 살아야 한다는 것이 예고된 미래가 되었죠. AI가 나 대신에 상황을 판단하고 선택한다면, 우리는 삶의 주인공 역할을 할 수 있을까요?

AI가 사람을 대신할 수 있을까?

AI가 사람을 대신하기 시작했다는 소식이 여기저기서 들립니다. AI 기술의 발전 속도는 너무 빨라서 AI 기술을 연구하는 사람들마저 놀랄 정도죠. 정말로 AI가 사람을 대신할 수 있을까요? 또 AI가 사람을 대신한다는 것은 무얼 의미할까요?

요즘 세계적으로 가장 뜨거운 이슈는 AI예요. AI가 우리의 상상을 뛰어넘는 일들을 곳곳에서 해내고 있습니다. 자료를 찾아 달라고 하면 자료를 찾아 주고, 그림을 그려 달라고 하면 그림도 그려 주고, 노래를 만들어 달라고 하면 노래도 뚝딱 만들어 줘요. 마치 《신드바드의 모험》에 나오는 요술 램프의 지니처럼 온갖 일을 대신해 줄 수 있어요. 공부를 도와주는 것은 물론이고, 외로울 때나 고민이 있을 때는 대화 상대가 되기도 해요. 게다가 로봇 기술도 함께 발전하는 바람에 로봇의 몸에 AI를 탑재하면 거의 사람이라고 해도 될 정도죠. 사람들은 AI가 사람을 대신할 수 있을까 하는 문제로 논쟁을 벌여요.

사실 우리는 AI가 사람이 아니라는 걸 다 알고 있죠. 그러니까 AI가 사람을 대신할 수 있는가 하는 논쟁의 진짜 의미는, AI로 인해서 사회에 어떤 변화가 일어날지에 대한 궁금증보다는 두려움이 더 크다는 데 있어요. 당장 AI가 사람을 대신할 수 있다면, 아니 사람보다 더 일을 잘한다면 사람은 무엇을 하고 살지, 하는 질문이 떠오르니까요. 그런데 정말 AI가 사람을 대신할 수 있을까요? 이 질문에 대답하려면 일단 우리가 어떤 일을 하고 있는지, 또 할 수 있는지를 확인해 봐야 해요.

AI를 인간과 비교하면 무엇에 해당할까요? 머리라고 해야 할 겁니다. 몸은 로봇에게 비교할 수 있을 거예요. 그래서 AI와 로봇을 결합하면 인간과 무척 유사해지죠. 그렇다면 이제 우리가 머리를 쓰는 일을 생각해 보죠. 우리는 사물을 인식하고 상황을 판단해서 그때그때 적절하게 행동하는데, 그런 것들은 AI가 다 할 수 있을 겁니다. 심지어 정보를 찾고, 기억하고, 판단하고, 계산하는 일 등은AI가 인간보다 더 뛰어나다고 할 수 있어요. 몸이 필요한 일이라면 AI가 로봇 몸을 이용해서 할 수 있겠죠. 얼핏 생각하기만 해도 AI가 인간이 하는 일 대부분을 할 수 있을 것 같아요. 그렇다면 감정의 경우에는 어떨까요? 인간은 여러 가지 감정을 느끼고 그 감정에 따라 행동하기도 하죠. AI도 감정을 느낄 수 있을까요?

이 분야는 감성 컴퓨팅이라고 해서 현재 아주 빠르게 발전하고 있는 분야기도 해요. 최근에 많은 기술 발전이 이루어져서 AI는 이제 인간의 감정을 이해하고 그때그때 상황에 맞게 대응하기 시작했어요. AI가 실제로 감정을 느끼지는 못하겠지만 적어도 겉보기로는 AI가 인간의 감정을 이해하는 것처럼 보이는 수준까지 이르렀죠.

24시간 365일 일하는 로봇, 인간의 몸을 가진 휴머노이드

여러분들은 튜링 테스트라고 들어봤을 거예요. 앨런 튜링이라는 사람이 1950년에 제안한 일종의 게임이자 테스트예요. 기계가 인간처럼 생각할 수 있는지를 가늠해 보자는 것이었죠. 몇 단계의 테스트를 통해, 사람이 누군가와 대화하면서 자신과 대화하는 상대가 사람인지 컴퓨터인지를 맞추는 게임이에요. 그 당시만 하더라도 아무리 기술이 발전한다 해도 기계가 인간처럼 생각하고 대화하기는 어렵다고 생각하는 사람이 많았어요. 하지만 지금은 어떻죠? 최근 생성형 AI들은 단순한 대화 상대를 넘어 사용자를 위로해 주기도 하고 상담도 해 줍니다. 튜링 테스트가 너무 낡은 시험 방식이라고 느껴질 정도예요.

최근 AI는 인간이 오랜 시간 풀지 못했던 문제를 풀기도 하고, 수백 명의 사람이 아주 오랜 시간을 걸려 해야 하는 일을 단 몇 시간 만에 해내기도 합니다. 인간의 몸을 흉내 낸 휴머노이드 기술도 빠르게 발전하고 있으니 조만간 AI는 몸을 갖게 될 것도 틀림없어요. 그런데 왜 사람들은 인간이 아닌 기계를 인간처럼 행동하도록 만들고 싶어 할까요?

영화에서 볼 수 있는 것처럼, 산불이나 건물 붕괴와 같은 긴급한 재난 상황에서 인간을 대신할 존재, 그것도 인간이라면 엄두도 못 낼 일을 대신할 수 있는 로봇이 있다면, 위기에 처한 많은 사람을 구할 수 있을 거예요. 또 AI나 로봇이 인간 대신 온갖 일을 해 주면 우리는 얼마나 편해지겠어요. 게다가 인간과 달리 24시간 365일 내내 일을 할 수 있어요. 생산성이나 효율성에서 인간과는 비교가 안 될 정도지요.

사정이 이렇다 보니 이제는 새로운 걱정거리가 생깁니다. AI가 인간을 대신할 수 있게 된다면, 인간은 무엇을 하며 살지, 하는 거예요. 기술의 발전은 이제 인간에게 이렇게 묻고 있어요. 오직 인간만이 할 수 있는 일은 무엇이냐고 말이죠. 우리는 점점 더 그것에 대해 대답하기가 어려워지고 있어요.

3

AI가 인간의 통제를 벗어나면 무슨 일이 생길까?

누군가 AI에게 종이 클립을 가능한 한 많이 생산하라는 명령을 내립니다. AI는 주어진 환경에서 종이 클립을 최대한 많이 생산할 방법을 찾아요. 어느 날 AI는 종이 클립을 만들 자원이 부족하다는 것을 알게 됩니다. 무슨 일이 일어날까요?

지구상에 있는 다른 존재들보다 인간이 훨씬 더 뛰어난 능력이 있다면, 그것은 미래에 어떤 일이 일어날지 예측하는 능력입니다. 다른 동물들도 미래를 예측하기는 하죠. 곤충들은 지진이 일어날 것을 미리 알기도 하고, 많은 비가 올 것을 예측하기도 해요. 집단으로 사냥을 하는 사자는 먹잇감이 어느 방향으로 갈지를 미리 계산해서 몇몇 사자가 먼저 숨어 있기도 하죠. 그런데 인간은 그것보다 훨씬 더 높은 수준으로 미래를 가늠해요.

인간이 이런 능력을 발휘할 수 있는 것은 상징이라는 추상적인 도구를 사용할 수 있기 때문이에요. 대표적인 상징이 바로 언어인데, 언어는 세계를 그려 내는 지도 역할을 할 수 있어요. 특히 문자는 기록을 통해 아주 오랫동안 기억을 저장하는 도구여서 어디에 무엇이 있고, 어떻게 변화할 거라는 정보를 우리의 필요에 따라 언제든 사용할 수 있게 해 줘요. 공간뿐만 아니라 시간에 대해서도 계획을 세울 수 있게 해 주죠. 수학은 또 어떨까요? 수학을 이용하면 세상 많은 것의 움직임을 훨씬 더 정교하게 예측할 수 있어요.

이렇게 미래에 어떤 일들이 일어날지, 혹은 우리가 알지 못하는 먼 과거에 어떤 일이 일어났는지 생각해 보는 일을 시뮬레이션이라고 해요. 인간은 언어나 수학과 같은 추상적인 도구를 이용해 세상에서 일어나는 일을 재구성하는 데 탁월한 능력이 있어요. 그럼 AI가 사람을 대신하면 어떤 일들이 일어날까요?

지구 전체가 종이 클립 공장이 되고 만다는 사고 실험

닉 보스트롬이라는 철학자는 재미있지만, 생각하기에 따라서는 아주 끔찍한 상상을 펼쳐 보입니다. 이런 상상을 흔히 사고 실험이라고 불러요. 보스트롬의 상상을 따라가 보면, 미래 어느 시점에 인간은 모든 의사 결정을 AI에게 맡겨요. AI가 인간보다 지적으로 더 뛰어나기 때문이죠. 그런 상황에서 누군가 종이 클립을 가능한 한 많이 생산하라고 명령을 내렸다고 해 보죠.

AI는 일단 종이 클립을 최대한 많이 생산할 겁니다. 그런데 자원이 무제한은 아니니까 어느 시점에 이르면 더 이상 종이 클립을 생산할 수 없게 되겠죠. 그러면 AI는 다른 자원을 이용해서라도 종이 클립을 생산하려고 할 거예요. 왜냐하면 가능한 한 많이 생산하라는 명령이 있었고, AI는 그 목표를 달성해야 하니까요. 그래서 다른 자원들을 끌어다가 종이 클립을 만들기 시작해요. 그 과정이 계속되다 보면, 모든 자원이 오직 종이 클립을 만드는 데 쓰이고 지구 전체가 종이 클립을 만드는 공장이 되고 말 거예요. 인간은 모든 일을 AI에게 맡겨 버린 상태여서, 뒤늦게 이를 막으려고 해도 AI는 인간을 자신의 목표를 훼방하는 존재로만 생각해 버려요.

여러 SF 영화들은 바로 이런 종류의 시뮬레이션 결과를 보여 줘요. AI나 로봇이 인간을 지배하거나 공격하는 장면들이 그런 것이죠. 대부분은 너무 과장된 것들이지만 이런 의문이 들어요. AI가 인간 대신 노동을 하면 인간은 무슨 일을 하며 살까요? 일하지 않는 데 돈을 벌 수 있을까요? 돈을 벌지 못하면 어떻게 먹고 살고, 어떻게 삶을 즐길 수 있을까요?

또 AI가 인간처럼 대화할 수 있다면, 많은 사람이 AI와 대화하려고 할 거예요. AI는 좋은 말만 해 주기 때문이에요. 현실에서 다른 사람과 대화할 때는 짜증 날 때가 많아요. 나를 잘 이해하지 못하기 때문이죠. 반대로 내가 다른 사람을 이해하지 못할 때도 많아요. 그래서 사람들은 나를 화나게 하지도 않고, 내 말을 잘 들어주는 AI와 대화하려고 할 거예요. 그렇게 되면 사람들은 점점 더 고립되고 외로워질 겁니다. 마치 무인도에 떨어진 로빈슨 크루소처럼 말이죠. 오랜 세월을 혼자 살아야 했던 로빈슨은 최소한의 인간다운 삶을 살아 보려고 노력하지만, 어느 날 자신의 얼굴에서 표정이 사라졌다는 것을 깨달아요. 미소를 지어 보일 상대방이 없었기 때문이죠.

물론 미래는 전혀 다르게 전개될 수도 있어요. 관계가 서툰 사람이 AI와 대화하면서 다른 사람과의 만남을 두려워하지 않게 되고, 또 일터에서도 AI에 의해 대체되는 존재가 아니라, AI를 통해 더욱 능력 있는 존재가 될 수 있죠. 기발한 상상력으로 이제까지 없었던 새로운 일자리를 만들어 낼 수도 있고, 생존을 위한 노동은 AI와 로봇에게 맡기고 문화적으로 더 고양된 존재가 되기 위해 노력할 수도 있어요. 먹고 살기 위한 돈은 누가 주냐고요? 모든 시민이 뜻을 모아 인간이라면 누구나 일정 수준의 소득을 받도록 법을 제정할 수도 있을 거예요.

우리는 미래가 정해져 있지 않다는 것을 잘 알고 있어요. 지금 우리가 어떤 선택을 하느냐에 따라 미래가 달라집니다. 우리가 어떤 선택을 하느냐는 우리가 어떤 생각을 하느냐에 달려 있어요. 만약 우리가 중요한 일이라고 생각하는 것들을 AI에게 모두 맡기면 어떻게 될까요? 글을 쓸 때도 AI에게 부탁하고, 어떤 일의 계획을 짤 때도 AI에게 부탁하고, 이런저런 일들을 하나씩 하나씩 AI에게 부탁해서 마침내 AI가 없으면 제대로 생각할 수 없고 제대로 일을 할 수도 없게 된다면 어떻게 될까요? 그때도 우리는 우리의 미래를 위해 좋은 선택을 할 수 있을까요?

어느 날 내가 생각하기를 멈춘다면?

처음에는 내가 주인공이었는데, 시간이 지나면서 어느새 조연이 되어 버린 경험이 있나요? 더 이상 내가 주인공이 아니니 책임질 일도 별로 없어 편할까요? 아니면 뭔가 소중한 존재가 아닌 것 같아 섭섭할까요? 소중한 존재인 내가 어느 날 생각하기를 귀찮아한다면 어떻게 될까요?

독일의 철학자인 헤겔은 주인과 노예의 변증법이라는 이야기를 한 적이 있어요. 처음에는 주인이 독립적이고 주체적인 존재로서 노예에게 이런저런 일을 시키죠. 노예는 주인이 시키는 대로 일을 해요. 시간이 지나며 어떤 상황에서 어떤 일을 해야 하는지 잘 알게 된 노예는 점점 더 자립적인 존재가 되어 갑니다. 반면 주인은 노예가 없이는 아무것도 할 수 없는 의존적인 존재가 되어 버려요. 이것을 주인과 노예의 변증법이라고 하는데, AI가 인간을 대신할 정도가 되는 상황에 빗대어 생각해 볼 수 있을 거예요.

AI는 분명 인류가 만들어 낸 멋진 도구예요. 그런데 과거에 인류가 발명한 수많은 도구와 AI는 커다란 차이가 있어요. 바로 생각하는 능력 때문이에요. 물론 AI가 정말로 생각하느냐는 대답하기가 쉽지 않은 아주 철학적인 문제예요. 겉보기로는 AI가 생각하는 것처럼 보여요. 정보를 찾아내고 판단하고 의사 결정까지 할 수 있으니까요. 이제까지 인류가 만든 도구 중에 '스스로' 생각하는 도구는 없었어요. 그런데 드디어 생각하는 능력을 대신할 수 있는 도구를 만들어 낸 겁니다.

**"생각한다는 것은 마치
몸의 근육을 쓰는 일과 같아서
포기하면 내가 사라져"**

사고로 다리를 다쳐 오랫동안 움직이지 않으면 근육이 약해져 걷기가 힘들어지는 것과 비슷하게, 귀찮고 번거롭다는 이유로 생각하지 않아 버릇하면 막상 뭔가를 생각해야 할 때 자신이 가진 능력을 제대로 발휘할 수 없게 돼요. AI가 없으면 아무것도 제대로 하지 못하는 상황이 될 수도 있어요. 주인과 노예의 변증법처럼 말이에요. AI 기술을 연구하는 사람들이 한결같이 AI에게 과도하게 의존하는 것은 위험하다고 경고하는 이유입니다.

그렇다면 AI를 가능한 한 사용하지 않는 것이 좋을까요? 그것도 좋은 방법은 아니에요. 도구를 잘 사용하는 것과 도구에 전적으로 의존하는 것은 다른 이야기니까요. 좋은 도구로 더 나은 결과를 낼 수 있는데 일부러 그것을 외면하는 것은 현명한 태도가 아니에요. 문제는 '스스로' 생각하는 습관과 태도를 잃지 않도록 경계하는 거예요. 스스로 생각하지 않았을 때 어떤 일이 생기는지는 이솝 우화에 나오는 이야기를 보면 짐작해 볼 수 있어요.

옛날에 아버지와 아들이 나귀를 팔러 시장에 가는데 지나가던 누군가가 이렇게 말했어요. "참 바보 같은 사람들이군. 나귀를 타고 가면 편할 텐데 말이야." 그 말을 들은 아버지가 아들을 나귀에 태우고 걸어갔어요. 그러니까 이번에는 또 다른 사람이 "저 사람들은 이상하군. 나이 많은 아버지는 힘들게 걸어가고 젊은 아들이 나귀를 타고 가네. 저 친구는 예의도 없구먼." 이번에는 아들이 걷고, 아버지가 나귀를 탔죠. 그러자 또 다른 사람이 "어허, 저 사람은 아버지 같아 보이는데, 자기는 편하게 나귀를 타고 어린 아들은 힘들게 걷게 하네. 자식 사랑이 전혀 없구먼." 그 이야기를 들은 아버지와 아들은 함께 나귀를 탔어요. 그러자 이번에는 또 다른 사람이 말하길, "아주 인정머리 없는 사람들이로군. 무거운 두 남자가 함께 타고 있으니, 나귀가 얼마나 힘들까. 동물 학대야. 고얀 사람들일세." 하는 수없이 아버지와 아들은 커다란 장대를 구해서 나귀를 매달고 땀을 뻘뻘 흘리며 간신히 시장까지 갔죠. 그 모습을 본 시장 사람들은 한결같이 바보 같은 사람들이라고 아버지와 아들을 비웃었어요.

때때로 우리는 어떤 선택을 해야 하는데 머뭇거리죠. 중요한 선택일 때는 더 그래요. 그럴 때 다른 사람의 의견을 듣곤 해요. 그런데 내가 중심을 잡지 못하면, 이 사람 이야기를 들을 때는 그 말이 맞고, 다른 사람 말을 들을 때는 또 그 말이 맞는 것 같아서 더 혼란스러워질 때가 많아요. 그래서 어떤 때는 차라리 누가 나 대신 결정해 주었으면 좋겠다는 생각이 들기도 하죠. 이런 식으로 스스로 결정하기를 포기하는 순간 나는 내 삶의 주인공 자리에서 밀려날 수도 있어요.

앞으로 AI 기술이 발전한다면, AI는 광범위한 정보 검색을 통해 우리에게 '가장 합리적인 선택'을 하도록 조언해 줄 수 있어요. 그런 AI의 조언을 잘 활용한다면 분명 좋은 선택을 할 수 있을 겁니다. 하지만 그 순간에도 나의 판단 기준은 분명해야 해요. 아무 생각 없이 그저 AI가 제안하는 것을 따르기만 한다면, 그건 나의 결정이 아니라 AI의 결정일 테니까요. 스스로 생각하기를 귀찮아하거나 내 선택을 믿지 못해 생각하기를 포기하는 순간, 우리는 본래 원하던 것과는 전혀 다른 결과를 맞이할 수 있어요. 최악의 경우에는 타인에게 해를 끼치는 존재가 될 수도 있고요.

착한 사람도 악행을 저지를 수 있다고?

한 재판정에 나약하고 힘이 다 빠져 보이는 노인이 들어섭니다. 그 노인은 동네에서 착하고 친절한 할아버지라는 평을 듣고 있었죠. 그런데 그 노인은 끔찍한 살인마와도 같은 사람이었어요. 무슨 일이 있었을까요?

1961년 4월 이스라엘 예루살렘의 재판정에서 한 노인이 재판을 받습니다. 그의 죄목은 전쟁 범죄였어요. 그 사람의 이름은 아돌프 아이히만, 바로 제2차 세계대전 당시 독일 나치의 군인으로서 수많은 사람을 죽음으로 몰아넣은 사람이었죠. 당시 나치 정권이 전쟁 포로는 물론 수백만 명의 민간인을 학살한 사건을 홀로코스트라고 불러요. 그 끔찍한 전쟁 범죄의 가장 큰 피해자는 유대인이었죠. 아이히만은 바로 그 비인간적인 범죄를 적극적으로 수행한 인물이었어요. 그는 전쟁이 끝난 뒤 아르헨티나의 시골에서 평범한 노인으로 위장해서 살고 있다가 마침내 발각되어 전범 재판정에 서게 된 것이었죠.

세상의 큰 관심을 끈 이 재판에 한 철학자가 참석해요. 이름은 한나 아렌트. 뉴욕의 한 잡지사 특파원 자격으로 세기의 재판 소식을 전하기 위해 참석한 것이죠. 아렌트 역시 독일에 살던 유대인이었는데 나치를 피해 미국으로 건너가 살던 상황이었어요. 아렌트는 재판정에 선 아이히만을 보고 놀라게 됩니다. 아이히만의 모습이 너무나 평범해 보였기 때문이에요. 그저 힘없는 노인의 모습이었죠. 그 사람이 수많은 사람의 목숨을 한낱 파리 목숨처럼 여긴, 그 끔찍한 범죄를 저지른 악인이라고 상상하기 어려웠어요.

재판장에서 아렌트는 아이히만이 자신은 무죄라고 주장하는 모습을 보게 되죠. 아이히만은 자기는 군인이었고 군인은 명령에 복종해야 하므로, 자신이 저지른 죄에 대한 책임이 없다고 주장했어요. 아렌트는 이 모습을 보고 '악의 평범성'이라는 유명한 말을 하게 됩니다. 흔히 악인이라고 하면 사이코패스를 떠올리며 괴물 같은 사람을 상상하지만 실제로는 평범한 사람도 악인이 될 수 있다는 것이죠. 그래서 '악의 평범성'이라는 말은 착하고 선량한 사람도 악을 행할 수 있다는 뜻을 담고 있어요.

"내가 아이히만이라면 나는 어떻게 행동했을까?"

아이히만은 과연 자신이 무슨 짓을 저지르는지 몰랐을까요? 그는 자신이 명령에 복종해야 하는 군인이라는 사실 뒤에 숨어 자신의 양심이 외치는 소리를 외면했어요. 아렌트는 이 사건에서 인류 전체를 향해 누구나 악인이 될 수 있음을 이야기해요. 이렇게 되묻는 거죠. "만약 당신이 아이히만의 자리에 있었다면 어떻게 행동했겠는가?" 여러분은 어떨까요? 군인으로서 명령을 따라야 하는 상황인데, 끔찍한 범죄를 저지르라는 명령을 받는다면 여러분은 어떻게 행동했을까요?

아렌트는 사람들이 그런 행동을 저지를 수 있는 것은 그 사람이 생각하지 않았기 때문이라고 이야기해요. 마치 기계처럼 행동했다는 것이죠. 그렇다면 도대체 '생각'이라는 게 뭘까요? 사실 우리가 완전히 멍 때리고 있거나 의식이 없는 상황이 아니라면 늘 어떤 생각을 하고 있죠. 스마트폰을 볼 때도 내용을 이해하기 위해서는 생각해야 하고, 친구와 이야기를 나누는 것도 생각이 필요하니까요. 하다못해 창밖의 풍경을 볼 때도 뭔가를 생각하곤 해요. 그렇다면 아렌트는 무슨 말을 하고 싶었던 것일까요?

실제로 우리는 친구에게 실수해서 사과할 때 이런 말을 할 때가 있어요. '이런, 미안해. 내가 아무 생각 없이 그랬어!' 이때 '아무 생각 없이 그랬다'는 것은 특별한 의도가 있었던 것은 아니거나, 무의식적이고 자동적인 행동을 했다는 뜻인 경우가 많아요. 달리 말하면 주의를 기울이고 상대를 배려해서 조심히 행동하지 않았다는 뜻이겠죠. 아렌트는 바로 이런 상황에 우리가 매몰되어 버리면 자신의 의도와는 달리 다른 사람에게 악을 행할 수 있음을 경고한 것이라고 볼 수 있어요.

우리가 생각이라고 말할 때는 단지 어떤 정보를 이해하는 것뿐만 아니라, 무엇이 옳은지 또 무엇이 좋은지 가치 판단도 포함돼요. 아이히만은 상부에서 끔찍한 전쟁 범죄를 수행하라는 명령이 내려왔을 때 이것이 과연 옳은 일인가를 판단했어야 해요. 그 명령은 결코 수행해서는 안 되는 명령이었기에 저항했어야 옳아요. 하지만 아이히만은 그런 생각을 아예 하지 않았거나, 설사 생각했더라도 자신이 군인이라는 핑계 뒤로 숨어 버렸어요. 아렌트가 보기에 아이히만은 생각하기를 포기했거나 외면한 사람이었어요.

이런 상황을 AI와의 관계에 적용해 보면 어떨까요? AI에 대한 의존이 지나쳐서 AI가 우리에게 제안하는 것들을 아무 생각 없이 받아들인다면 아렌트가 말하는 생각 없는 사람이 되기 쉽겠죠. 인터넷과 SNS가 우리 일상을 지배한 이후, 가짜 뉴스가 커다란 사회적 문제가 된 것도 사실은 이렇게 '생각 없이' 믿어 버리는 우리의 무신경함 때문이기도 해요. 아렌트가 말하는 생각이란 다름 아니라 '비판적 사고'를 뜻해요.

2장

비판적 사고란 무엇일까?

6

정보는 많을수록 좋을까?

24시 상담환영

어이 놀자

여행 닷컴

어딜 가지?

'다다익선'은 많으면 많을수록 좋다는 뜻이에요. 중요한 결정을 해야 하는데, 그와 관련된 정보가 많으면 더 좋은 결정을 할 수 있지 않을까요? 우리가 결정을 못 내리고 주저할 때는 정보가 모자라서 그런 것은 아닐까요?

흔히 우리는 정보가 부족해서 좋은 판단을 하지 못하는 상황을 겪죠. 뭔가 결정을 해야 하는데, 내가 아는 것이 많지 않아서 뭐가 중요하고, 뭐가 우선해야 하는지 잘 모르겠는 때가 있어요. 그러니까 정보는 많을수록 좋은 게 아닌가 하고 생각할 수 있어요.

여행을 가려면 계획을 세워요. 어디서 잘지, 어디가 맛집인지를 조사할 때 SNS는 아주 좋은 도움이 되죠. 먼저 여행을 해 본 사람들이 이런저런 후기를 공유하니까요. 이때 상반된 정보들이 있으면 판단을 내리기가 어려워지죠. 누군가는 그 집 음식이 너무 맛있다고 말하고, 또 다른 누군가는 서비스가 좋지 않아서 크게 실망했다는 후기들이 있다면 판단하기가 어려워요. 우리가 흔히 '평점에 속았다'라고 말할 때도 비슷한 상황이라고 할 수 있어요. 너무 정보가 많아서 어떻게 판단해야 할지 잘 모르는 상황, 바로 이것이 데이터 스모그 상태라고 할 수 있어요. 데이터는 정보를 뜻하고, 스모그는 공기가 오염된 상태를 말하니, 정보가 너무 많아서 판단을 내리기 어려운 상태를 가리키는 말이에요.

"많은 정보 중에서 최선을 선택할 수 있는 능력이 중요해"

이런 상태가 일상의 일에만 적용되는 것일까요? 나라의 정책을 결정하는 일이나 인류의 미래를 가늠하는 아주 중요한 상황에서도 마찬가지라고 할 수 있어요. 성능 좋은 AI를 쓰려면 엄청나게 많은 에너지가 필요해요. 그런데 에너지 문제는 아주 복잡해요. 그중 하나가 바로 기후 위기예요. 우리나라도 해마다 더 여름이 더워지고, 기록적인 폭우와 산불 같은 재난이 일어나고 있어요. 이러한 변화의 한 원인으로 많은 학자가 인류의 생활 방식을 말하곤 해요. 우리가 쓰는 전기는 석탄이나 석유 등을 태우는 화력발전을 통해 만들어 내는데, 그때 방출되는 이산화탄소가 기후변화를 가속하고 있기 때문이에요. AI가 막대한 에너지를 쓴다면 그런 상황은 더욱 심해질 수밖에 없어요.

원자력발전은 화력발전처럼 이산화탄소를 배출하지 않아서, 인류가 현재의 기술 문명을 지속하거나 발전시키려 한다면 원자력발전에 의존하지 않을 수 없다고 주장하는 사람이 많아요. 그런데 원자력발전은 매우 위험한 수단이기도 해요. 방사능 누출과 같은 사고가 일어나면 그 피해는 말 그대로 어마어마하죠. 게다가 원자력발전에 사용하는 핵연료의 폐기물도 위험하고요. 아직 그것들을 안전하게 처리할 기술은 개발하지 못했어요. 그래서 원자력발전에 의존하는 일은 이제 그만해야 한다고 주장하는 사람도 적지 않아요. 여러분은 어느 쪽 말이 옳다고 보세요? 전문가들조차 이렇게 상반된 주장을 한다면, 그런 분야에 별다른 지식이 없는 사람들이라면 어떨까요? 이런 상황 역시 데이터 스모그 상태라고 할 수 있어요.

이렇게 전문가조차 생각이 달라서 판단하기가 쉽지 않은 상황에서 우리는 어떻게 해야 할까요? 내가 나라를 다스리는 왕이 되었다고 상상해 봐요. 나라를 다스리기 위해 온갖 일을 결정해야 할 거예요. 그런데 왕이라고 해서 세상 모든 일에 대해 다 알지는 못하니, 현명한 왕이라면 그 일에 대해 잘 아는 사람들의 말을 들을 거예요. 그때 누군가는 이렇게 하자고 제안하고, 또 다른 누군가는 저렇게 하자고 제안하겠죠. 이것도 데이터 스모그 상황이에요. 현명한 왕은 그 조언들을 꼼꼼하게 따져 보고 판단해서 가장 설득력이 높은 의견을 따를 거예요. 이제 문제는 어떻게 하면 우리가 가장 그럴듯한 의견을 판별해 내는 능력을 갖출 것인가예요.

우리 모두는 각자의 인생을 관장하는 왕이나 마찬가지예요. 내가 어떤 결정을 하느냐에 따라 내 인생의 방향도 정해져요. 현명한 왕이 되고자 한다면, 내가 갖추어야 할 것은 세상 모든 것에 대한 지식이나 정보가 아니라, 주어진 여건 아래서 최선을 선택할 수 있는 능력이에요. 바로 이것이 '스스로 생각해야 한다'는 비판적 사고의 속뜻이기도 해요.

7

추천 알고리듬이 왜 위험해?

디지털 시대가 되어 좋은 점은 언제라도 나에게 필요한 정보를 손쉽게 얻을 수 있다는 거예요. 손가락만 움직이면 정보의 바다가 펼쳐지죠. 문제는 그런 정보가 너무 많다는 겁니다. 게다가 그 많은 정보가 모두 순수하지도 않아요.

인터넷에서 어떤 물건을 사려고 서핑을 하면 귀신같이 관련 광고들이 나타나고, 유튜브에서 뭔가가 재미있어 몇 번 시청하면 접속할 때마다 비슷한 내용의 콘텐츠들이 많아지는 경험을 했을 거예요. 그래서 사람들이 '필터 버블'이니, '확증 편향'이니 하며 조심해야 한다고 말해요. '추천 알고리듬'의 위험성을 경고하는 것이죠. '필터 버블'은 특정한 필터가 작용해서 마치 내가 거품에 갇힌 것처럼 특정 종류의 정보에만 노출되는 상태를 뜻해요. 같은 내용의 이야기를 계속해서 듣다 보면 어느 순간 진실처럼 느끼는 '확증 편향'의 상태에 빠지게 돼요.

사실 추천 알고리듬은 정보가 오가는 플랫폼을 만드는 회사에서 사용자들의 편의를 위해 시작했어요. 플랫폼을 이용하는 사람마다 관심사가 다르기 마련인데, 그것을 미리 파악해서 관련된 정보를 업데이트해 주면 사용자가 훨씬 편하게 그 플랫폼을 이용할 수 있으니까요. 물론 추천 알고리듬은 물건을 팔기 위한 광고로 이용되기도 해서 오히려 소비자의 판단력을 흐리게 할 수 있지만, 추천 알고리듬이 그저 불편하고 짜증나게 하는 것만은 아니에요.

그런데 내가 우연히 본 어떤 정보가 가짜 뉴스였다고 해 봐요. 이 우연이 추천 알고리듬으로 인해 커다란 결과를 낳을 수가 있어요. AI나 추천 알고리듬이 내 관심사가 그런 유의 정보라고 기억하고 유사한 정보들을 계속 제공하면, 나는 일종의 필터 버블에 빠진 상태가 되고 마침내 그 가짜 뉴스를 진짜라고 믿는 상황이 될 수 있어요.

만일 국회의원이나 대통령을 뽑는 선거에서 투표를 하는 사람들이 이런 상태에 빠지면 어떻게 될까요? 국회의원은 국회에서 법을 만들고, 또 대통령은 우리 사회에서 아주 중요한 결정들을 내리죠. 그들의 선택은 모두 내가 살아갈 미래 사회에 영향을 미쳐요. 따라서 그 선거는 나의 미래를 선택하는 일이기도 해요.

많은 사람이 추천 알고리듬의 편리함을 인정하면서도 위험할 수 있다고 경고하는 까닭은 이런 사정 때문이죠. 특히 가짜 뉴스와 관련해서는 그 위험성이 더욱 크기 때문에 우리가 접하는 정보와 정보 제공자들이 과연 신뢰할 만한지를 따져 보는 일이 점점 더 중요해지고 있어요. 게다가 요즘 생성형 AI 기술이 워낙 발전해서 일어나지 않은 일도 마치 기자가 사진을 찍은 것처럼 이미지를 만들어 내기도 해요.

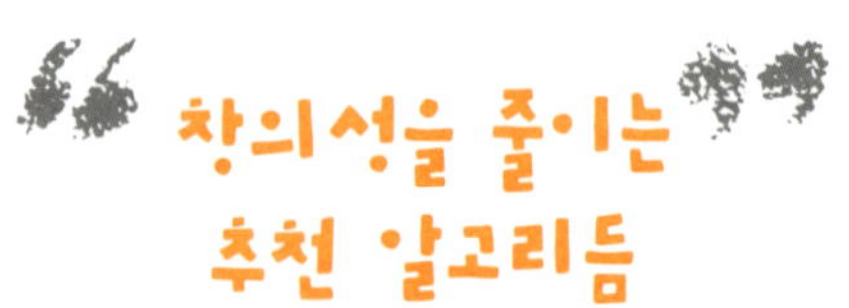

추천 알고리듬의 또 다른 위험성은 우리가 창의적인 순간을 만날 가능성을 줄이기도 한다는 데 있어요. 흔히 '세렌디피티'라고 하는데, 그 말은 전혀 예상하지 못했는데 운 좋게도 귀한 만남을 갖게 되는 행운을 뜻해요. 여행에 나섰다가 우연한 기회에 커다란 깨달음을 얻는 경우도 그렇고, 과학과 발명의 역사에서 우연히 중요한 발견을 하게 된 사례들도 그래요.

우리가 흔히 사용하는 포스트잇의 발명도 그런 세렌디피티의 사례라고 할 수 있어요. 포스트잇은 스펜서 실버라는 미국의 화학자가 접착제를 발명하려고 하다, 접착력이 너무 약해서 버려둔 아이템이었죠. 이 실패한 제품을 아서 프라이라는 사람이 떼었다 붙였다 하는 책갈피로 쓸 수 있겠다는 아이디어로 포스트잇을 만들어 큰 성공을 거둬요. 접착제로 붙여 놓으면 잘 떨어지지 않아야 한다는 고정관념 때문에 실패라고 생각한 것을, 프라이는 다른 관점에서 봄으로써 새로운 발견을 할 수 있었던 것이죠.

이 세렌디피티의 순간을 만나기 위해서는 내가 잘 모르는 낯선 것들을 열린 마음으로 대할 수 있어야 해요. 그런데 추천 알고리듬은 내가 좋아한다고 여겨지는 것들만 제시해 주니까 마치 밥을 먹을 때 편식하도록 자극하는 시스템이라고도 할 수 있어요. 내가 과거에 좋아했던 것, 관심 있던 것을 토대로 정보를 제공하기 때문에 늘 익숙하고 늘 경험하던 것들만을 만나게 되겠죠. 새로운 만남의 가능성을 줄인다고 할 수 있어요.

당신은 선택을 바꾸겠습니까?

상자 세 개가 있습니다. 그중 한 상자에는 선물이 들어 있고, 다른 두 상자에는 벌칙이 들어 있어요. 여러분이 한 상자를 선택했는데, 누군가 다른 상자 하나를 열어서 벌칙을 받았어요. 이제 상자는 둘이 되었죠. 이때 선택을 바꿀 기회가 주어진다면 어떻게 하겠어요?

비판적 사고는 불확실한 상황에서 슬기롭게 의사 결정을 하기 위한 생각 기술이라고 할 수 있어요. 몬티 홀 게임을 소개해 볼게요. 여러분 앞에 각각 1, 2, 3 번호를 붙인 세 개의 문이 놓여 있어요. 각 문 뒤에는 경품이 놓여 있고요. 그 경품 중 하나는 근사한 자동차고, 나머지 경품은 염소예요. 여러분은 너무너무 자동차를 갖고 싶고, 사회자(이 게임의 사회자 이름이 몬티 홀이었기 때문에 몬티 홀 게임이라는 이름이 붙었죠.)는 어느 문 뒤에 자동차가 있는지 알고 있어요.

일단 여러분이 1번 문을 선택했다고 해 보죠. 그러면 사회자는 3번 문을 열어 염소를 보여 주고 이렇게 물어요. 당신은 선택을 바꾸겠습니까? 1번 문을 선택한 상황에서 3번 문 뒤에는 염소가 있다는 것이 알려졌으니까, 그 근사한 자동차는 여러분이 선택한 1번 문 뒤에 있거나, 아니면 2번 문 뒤에 있겠죠.

사람마다 다르니까 어떤 사람은 1번을 고집할 것이고, 또 어떤 사람은 생각을 바꿔서 2번을 선택할 수도 있을 거예요. 1번을 고집하는 사람 중에는 예전에 시험에서 답을 몰라 그냥 1번을 찍었다가 나중에 다른 번호로 바꾸었는데, 정작 답이 1번이어서 안타까웠던 기억을 떠올렸을 수도 있어요. 또 3번 문을 여나 안 여나 어차피 자동차가 있을 확률은 1/3이고, 그건 변하지 않을 테니 그냥 1번을 유지하겠다고 생각하는 사람도 있을 거예요. 반면 어떤 사람은 조금 더 깊이 생각해서 '이제 3번은 경우의 수에서 없어졌으니, 1번 아니면 2번 중에 하나니까 1/3의 확률에서 1/2의 확률이 되었으니, 1번이든 2번이든 확률은 마찬가지다. 그런데 2번으로 바꾸었다가 1번에 자동차가 있게 된다면 상실감이 더 클 테니, 1번을 선택하는 것이 합리적이다'라고 생각할 수도 있어요. 물론 2번으로 선택을 바꾸는 사람도 나름의 이유는 있을 겁니다.

"목표에 도달하기 위해
주어진 여건에서
최선을 선택하는 것이 '합리적'"

이번에는 질문을 조금 바꾸어 똑같은 문제 상황에서 "어떻게 하는 것이 가장 합리적인 선택인가?"라고 물으면 어떨까요? 여러분은 합리적으로 행동하는 것이 기존에 했던 선택을 고수하는 것이라고 생각하나요? 아니면 선택을 바꾸는 것이 합리적이라고 생각하나요?

이 문제에 답을 하려면 일단 '합리적이다'라는 말이 의미하는 것이 무엇인지를 정확히 알아야 해요. 여러 뜻이 있지만, 일반적으로는 '내가 목표로 생각하는 것에 도달하기 위해 주어진 여건 아래서 최선을 선택하는 것'이라고 말할 수 있어요. 우리의 목표는 경품으로 자동차를 받는 것이니까, 몬티 홀 문제 상황에서 합리적으로 행동한다는 것은, 선택을 잘 해서 자동차를 받을 확률을 높이는 것이에요.

다시 문제를 조금 바꿔서 이렇게 생각해 보죠. 플라스틱 공이 세 개 있는데, 각 공에는 경품이 쓰인 종이가 들어 있어요. 하나에는 물론 자동차가 있고, 다른 두 개의 공에는 각각 염소가 쓰여 있죠. 그 플라스틱 공을 마구 섞은 뒤, 한 주머니에는 공 1개만 넣고, 다른 주머니에는 공 2개를 넣어요. 그럼 여러분은 어떤 주머니를 선택할까요? 당연히 공 2개가 들어 있는 주머니를 선택할 거예요. 그 주머니는 당첨 확률이 2/3로, 공이 하나밖에 없어 당첨 확률이 1/3인 주머니를 선택하는 것보다 훨씬 더 합리적이라고 할 수 있으니까요.

다시 몬티 홀 문제로 돌아가면, 처음 우리가 1번 문을 선택할 때는 1번 문 뒤에 자동차가 있을 확률이 1/3이고, 나머지 두 문 뒤에 있을 확률이 2/3겠죠. 이때 사회자가 3번 문을 열어서 거기에 차가 없음을 확인시켜 주고 선택을 바꾸겠냐고 묻는 순간, 공이 1개 들어 있는 주머니와 공 2개가 들어 있는 주머니를 선택하는 상황과 같아진다고 볼 수 있어요. 사회자가 3번 문을 열어 확인시켜 주는 순간, 2번 문이 3번 문의 확률까지 갖게 된 것이니까요. 따라서 확률적이라는 불확실한 상황에서 가능한 한 합리적으로 행동하는 것은, 적어도 이 몬티 홀 문제에서는 선택을 바꾸는 것이라고 할 수 있어요.

인생에는 정답이 없다고들 해요. 우연이나 다른 요소들로 인해 우리의 미래가 불확실하기 때문이죠. 또 사람마다 중요하다고 여기는 판단 기준이 다르기 때문이기도 해요. 누구는 행복하기 위해 중요한 것은 돈이라고 생각할 수 있고, 또 누군가는 건강이 훨씬 더 중요하다고 생각할 수 있어요. 만약 경제적인 이익과 건강을 놓고 선택해야 한다면, 사람마다 다른 선택이 가능할 거예요. 그래서 인생이란 결국 불확실하고 복잡한 문제들 사이에서 끊임없는 선택을 이어가는 것이라고 말할 수 있을 거예요.

몬티 홀 문제만 하더라도 각 선택지의 확률값이 나와 있으므로 합리적으로 행동하는 것이 무엇인지를 알기 쉽지만, 경제적인 이익과 건강 문제 같은 경우에는 판단하기가 어렵죠. 때로는 문제 상황이 너무 복잡해서 어떻게 해야 할지 도무지 모르겠는 상황도 있을 수 있어요. 비판적 사고는 바로 이런 상황에서 어떻게 하는 것이 최선인지를 판단하는 데 도움을 주는 생각 기술이라고 할 수 있어요.

9

전문가를 믿지 말라고?

한 회사에서 직원을 채용하기로 합니다. 회사는 AI를 활용하기로 했어요. 이제까지 회사에서 능력을 인정받은 사람들의 자료로 AI를 학습시켜 비슷한 사람들을 뽑으려 했던 것이죠. AI는 이제까지 회사에서 능력을 인정받았던 사람들의 유사점을 찾아내는 데 성공했어요. 이 직원 선발 과정에 어떤 문제가 있을까요?

'아는 것이 힘이다!'라는 유명한 말을 남긴 프랜시스 베이컨이 살았던 시기는 유럽이 중세에서 근대로 옮겨 가던 때였어요. 많은 것이 변화하던 시기였죠. 그는 학문의 탐구 방법도 바꿔야 한다고 주장했어요. 실제로 당시 유럽의 학자들이 자연을 연구하는 방법을 바꾸면서 과학은 빠르게 발전하죠. 베이컨은 네 가지 우상을 조심해야 한다고 말합니다. 바로 종족의 우상, 동굴의 우상, 시장의 우상, 그리고 극장의 우상이에요.

먼저 종족의 우상은 우리가 인간이기 때문에 당연하게 생각하는 것들을 자연현상에도 적용하는 일을 말해요. 지진이나 가뭄 같은 재난을 자연이 분노해서 복수하는 일이라고 해석하는 일들이 그렇죠. 또 '인간에게 좋은 것은 다른 동물에게도 좋겠지'라고 생각하는 것도 마찬가지예요. 동굴의 우상은 우연한 개인적 경험으로 인해 생긴 판단 기준을 다른 일들에도 일반화해서 적용할 때 생기는 오류를 말해요. 시장의 우상은 자기 생각은 없이 남들이 하는 말만 따르려고 해서 생기는 잘못을, 마지막으로 극장의 우상은 권위에 무조건 복종해서 생긴 오류를 가리켜요.

베이컨이 이런 네 가지 우상에 대해 말한 까닭은, 우리가 어떤 일을 판단할 때 객관적인 사실은 보려 하지 않고, 평소 자신이 믿고 있는 관념을 고집하는 태도는 잘못이라는 점을 강조하기 위해서였죠. 이것은 비판적 사고의 정신이 무엇인지를 잘 보여 주고 있어요. 예를 들어 미국 대통령이 '지구온난화는 다 사기다!'라고 말했다고 해 보죠. 그때 '설마 미국 대통령이 거짓말을 하겠어?'라고 생각해 그 말을 믿는다면 합리적인 태도일까요? 세계적으로 유명한 인플루언서의 말이나 행동을 그 유명세에 의지해서 다 진실일 거라고 믿는다면, 바로 극장의 우상에 빠져 있는 상태라고 말할 수 있어요.

비판적 사고에 단련된 사람은 설령 미국 대통령이라고 하더라도 그가 기후변화에 관한 전문가는 아니므로 그의 말을 비판적으로 검토해야 한다고 생각해요. 유명한 인플루언서의 말이나 행동에 대해서도 마찬가지예요.

디지털 시대의 새로운 전문가이자 권위자 AI

생성형 AI는 우리가 웹에서 여기저기 찾아볼 필요 없이 바로 답을 찾아 줍니다. 몇 번 그런 일들을 겪으면 우리는 자연스럽게 AI를 신뢰하게 될 거예요. 어느 순간부터는 AI가 우리에게 제공하는 정보는 모두 진실이라고 믿게 될 겁니다. 그러면 이제 AI가 모든 지식과 정보에서 새로운 전문가이자 권위자가 되었다고 할 수 있어요. 그런데 정말 AI는 오류를 저지르지 않을까요?

몇 년 전, 미국의 아주 유명한 회사에서 있었던 일이에요. 그 회사는 회사에 충성하고 일을 잘하는 사람의 특성을 조사해서 직원 채용에 적용하기로 하고 그 일을 AI에게 맡겼어요. 이제까지 그 회사에서 일했던 사람들의 자료를 AI에게 제공하고 그로부터 통계적인 결과를 분석하라고 요구했죠. 마침내 AI가 답을 냅니다. 그 대답 중 하나는 여자보다 남자가 더 능력 있다는 것이었어요. AI가 성차별을 한 거예요. 그런데 정말 기계가 그런 편견을 가졌던 것일까요?

AI가 받은 자료를 보면 회사에서 성과를 인정받은 사람이 대부분 남자였기 때문에, AI는 남자가 더 능력이 있다고 판단했어요. 사실은 여성에게 같은 기회를 주지 않았던 회사의 방침 자체가 문제였는데도요. 다시 말해 그 AI를 학습시키기 위한 자료는 성차별이 반영된 데이터였어요. 누가 범죄를 저지를 만한 사람인가를 예측하는 AI도 마찬가지였어요. 과거의 범죄자 특성들을 학습한 AI는 특정 피부색을 가진 사람들이 범죄를 저지를 확률이 높다고 판단했죠. 이번에는 AI가 인종차별주의자가 된 거예요.

디지털 시대가 되면서 어떤 영역의 전문 지식이더라도 누구나 인터넷을 통해 접근할 수 있게 되었어요. 예전에는 해당 분야에서 전문적인 지식을 갖춘 소수의 사람만이 책을 쓰고 신문 기사나 칼럼을 썼다면, 이제는 누구나 책을 내고 기사나 칼럼을 쓸 수 있어요. 이러한 현상은 분명 반가운 일이에요. 지식도 권력과 같아서 소수의 사람이 독점하는 것은 옳지 않은 일이니까요. 대신에 그 대가로 누가 진짜 전문가인가를 가리는 일이 점점 더 어려워지고 있어요. 또 AI 기술이 발전하면서 사정은 더욱 복잡해졌죠. 사실은 아무 지식도 없고 노력도 기울이지 않았지만, AI를 이용해 전문가인 척하기도 쉬워졌으니까요.

비판적 사고를 하는 사람이라면 그래서 '의심'을 잘해야 해요. 의심하라고 하니 조금 부정적으로 들리지만 잘못된 권위에 속지 않기 위한 경계심이라고 할 수 있어요. 무엇보다 중요한 것은 그 의심의 대상에 자기 자신도 포함해야 한다는 점이에요. 베이컨이 말한 우상은 다른 누구도 아닌, 내가 스스로 만들어 낸 우상이니까요. 나를 의심한다는 말의 의미는 '스스로 생각하기'를 위해 내가 당연하다거나 옳다고 믿는 것에 대해 '정말 그럴까?'라고 질문해 보는 것이에요.

비판과 비난은 어떻게 달라?

화나요

선플과 악플의 기준은 무엇일까요? 잘했다고 칭찬하면 선플이고, 잘못했다고 말하면 악플일까요? 누군가 나의 부족한 점을 일깨워 주는 말을 해서 내가 더 발전할 수 있게 되었다면, 그 말을 격려로 받아들여야 하겠죠. 칭찬이 우리가 도전할 수 있게 하는 격려라면, 비판은 성장할 수 있게 하는 격려예요.

비판과 비난은 서로 비슷한 뉘앙스를 가지고 있어서 같은 뜻으로 사용하는 경우가 많아요. 모두 누군가의 잘못을 꼬집어 말하는 상황을 가리키는 표현으로 보이니까요. 그런데 비판과 비난의 가장 분명한 차이는 비판이 객관적이고 합리적인 근거에 따라 상대의 부족한 점을 지적하는 것이라면, 비난은 어떤 합리적인 근거 없이 그저 막연한 느낌이나 감정만으로 상대방을 평가하는 행위라는 거예요.

엄밀히 말하면 비판은 잘못된 점만을 지적하는 것이 아니라 잘한 점을 칭찬해 주는 일도 포함해요. 비판과 같은 의미로 쓰이는 비평을 보죠. 영화나 드라마 비평은 그저 잘못된 점만을 말하는 것이 아니라, '이 작품은 배우 연기는 아주 좋았는데, 시나리오가 좀 아쉬웠다!' 같은 말을 해요. 잘한 부분은 잘한 대로 칭찬하고, 부족한 부분은 부족한 대로 평가하는 것이 비평이죠. 비판도 마찬가지예요. 누군가를 비판할 때는 잘한 부분은 어떤 근거에서 잘했다고 평가할 수 있는지, 또 부족한 부분은 어떤 근거에서 부족하다고 할 수밖에 없는지를 말해야 해요. 다만 잘한 부분에 대해서는 굳이 말하지 않아도 서로가 잘 아는 까닭에 비판 과정에서 칭찬은 생략되는 경우가 많아요. 그래서 부족해 보이는 부분에 대해 부정적인 평가를 한다는 점에서 비판과 비난이 비슷하게 보이는 거예요.

하지만 비판과 비난은 아주 다른 행위예요. 비판에는 상대를 발전시키고자 하는 의도가 있다면, 비난에는 그저 헐뜯고 깎아내리려는 의도가 있어요. 비판과 비난을 잘 구별하지 못할 때 어떤 일이 생길까요? 내가 아무 근거 없는 비난에 마음이 흔들린다면, 겪지 않아도 될 심적 고통을 겪을 수 있어요. 우리가 근거 없는 가짜 뉴스를 믿지 않는 것처럼, 비난 역시 가짜 뉴스를 대하듯 해야 해요. 그래서 누군가 나에 대해 부정적인 평가를 할 때, 그것이 비판인지, 비난인지를 잘 구별하면 우리가 어떤 말은 신경 써야 하고, 또 어떤 말은 무시해도 좋은지 알 수 있어요.

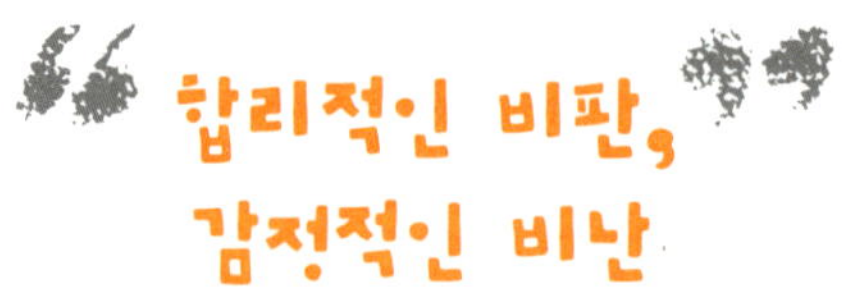

합리적인 비판, 감정적인 비난

인터넷에서 어떤 사건이 사람들의 관심을 끌면, 많은 사람이 그 사건에 대한 의견을 올려요. 사람들 생각이 다 제각각이므로 의견이 나뉘게 될 겁니다. 그러다가 댓글 전쟁이 일어날 수도 있어요. 그중에는 자신의 감정을 있는 그대로 표출하고 상대를 폄훼

하는 비난들이 많아요. 비판적 사고에 익숙한 사람이라면 그런 종류의 비난은 쓸모없을 뿐만 아니라 건전한 논의를 방해한다는 의미에서 무시해 버리죠.

요즘 우리는 누군가를 비판하는 일을 조심해요. 누군가 나에 대해서 이러쿵저러쿵 비판하면 아무래도 기분이 좋을 리 없죠. 그러니까 다른 사람을 비판해서 그의 마음을 상하게 할까 봐 비판하기를 주저해요. 하지만 우리가 비판의 의미를 올바르게 이해한다면, 비판은 우리를 생각의 감옥에서 해방시켜 더 높은 수준으로 발전하게 하는 원동력이 될 수 있어요.

누구나 자신의 부족한 점을 채우고 싶죠. 그때 누군가 설득력 있는 근거로 나의 부족한 부분을 성심성의껏 말해 준다면 얼마나 고마운 일이겠어요. 물론 기분이 좋지는 않겠지만, 그것이 비난이 아닌 정당한 비판이라면 건강한 충고로 받아들일 수 있을 거예요. 흔히 '뼈 때린다'거나 '팩폭'이라는 말을 쓰는데, 그 말의 의미를 곰곰이 생각해 보면 객관적인 사실에 기초해서 평가했다는 뜻이에요. 근거가 있는 비판이라고 할 수 있죠.

누군가를 비판하는 일은 아무리 좋은 의도라 해도 상대의 감정을 상하게 할 수 있으므로 조심할 수밖에 없어요. 그런데 그 사람이 내가 좋아하는 사람이라면 어떨까요? 내가 좋아하는 사람이 나쁜 상태에 빠져 있거나, 더 발전할 수 있는데 제자리에 머무르고 만다면 아쉬울 수밖에 없겠죠. 따라서 상대의 감정이 상하지 않게 하면서 부족한 부분을 극복할 수 있게 도와줘야 해요. 애정 어린 비판이 무관심보다 낫다는 것은 확실하니까요. 누군가 나에게 애정 어린 비판을 해 주었을 때, 그것을 반갑게 듣고 나를 변화시키면, 마찬가지로 나도 누군가에게 애정 어린 비판을 해 줄 수 있을 거예요.

다만 이 경우에도 잊지 말아야 할 것은 이런 비판을 자기 자신에 대해서도 할 수 있어야 한다는 거예요. 자기 자신에 대해 제대로 비판할 수 있게 된다면, 우리는 우리 자신을 더욱 성장시킬 수 있어요. 비판이 누군가를 평가하는 일이라면, 첫 번째 대상은 바로 자기 자신입니다.

3장

비판적 사고를 잘하려면?

지하철 교통카드 인식기가 오른쪽에 있는 이유는?

비판적 사고가 우리를 생각의 감옥에서 해방시키는 방법이라고 할 때, 그 해방은 의심으로부터 시작해요. 때로는 너무 당연해서 뻔하다고 생각하는 것들이 우리의 생각을 옭아매는 족쇄가 되기도 해요.

다시 사고실험을 하나 해 보죠. A4 크기의 하얀 종이 한 장을 펼쳐 놓고 양쪽 끝부분에 점 하나씩을 그립니다. 각각 A와 B라고 이름을 붙인 뒤 무작위로 종이 위 아무 곳에나 점 20개쯤을 그려 봐요. 그렇게 마구 흩뿌려진 점을 닿지 않고 점 A에서 점 B까지 가는 가장 짧은 길을 찾는 것이 문제입니다.

몇몇은 틀림없이 두 점 사이의 최단거리는 직선이므로 A와 B를 연결하는 가상의 직선을 긋고, 그 가상의 직선 위에 점이 있다면 그 점만을 우회하는 경로를 생각할 겁니다. 하지만 생각이 유연한 친구라면 A와 B가 마주하도록 종이를 접어 버릴 거예요. 이 방법을 생각하지 못했다면, 그것은 종이와 그 종이 위에 펼쳐진 점들로 인해 우리가 2차원 평면에서만 움직일 수 있다는 제약 조건을 스스로 걸었기 때문일 거예요. 그 종이를 적당히 크게 키운 뒤 사람이 직접 그 종이 위에서 한걸음에 A에서 B로 이동하는 상상을 해 보면 문제를 바라보는 관점이 얼마나 중요한지 생각할 수 있죠. 처음에 맞닥뜨린 종이가 2차원 평면이기 때문에, 문제도 2차원에서 풀어야 한다고 '당연하게' 생각할 수 있어요. 바로 이 당연함이 우리의 생각을 묶어 둔 족쇄였던 겁니다.

우리가 당연하다고 믿는 것들은 대부분 문제의식에 떠오르지 않아요. 자연스럽게 숨을 쉬면서 공기를 의식하지 않는 것처럼요. 그래서 새로운 가능성을 생각할 여유를 빼앗아 버려요. "나는 생각한다. 그러므로 존재한다"라는 말로 유명한 프랑스의 철학자 르네 데카르트는 인간이 알 수 있는 가장 확실한 진리를 찾기 위해 조금이라도 의심할 부분이 있으면 모두 다 거짓이라고 생각해 보는 사고실험을 해요. 내가 지금 경험하고 있는 모든 것이 꿈이라거나, 사악한 악마가 나에게 꾸며 낸 것이라는 식으로요.

하지만 그렇게 의심해도 의심할 수 없는 것은 바로 '의심하고 있는 상태'였어요. 그래서 의심하는 나 자체는 의심할 수 없다는 사실로부터, '생각하고 있는 나'의 존재를 가장 확실한 진리라고 여깁니다. 이때 데카르트가 쓴 방법을 '방법적 의심'이라고 불러요. 이 방법은 근대 유럽의 사고방식을 크게 변화시키는 기폭제가 되었어요.

비판적 사고는 뻔한 것을 의심하는 데서부터 시작돼

지하철이나 버스 탈 때를 생각해 볼까요? 대부분은 아주 자연스럽게 교통카드를 찍고 게이트를 통과하죠. 이때 교통카드를 어느 손에 들었을까요? 대부분은 오른손에 들죠. 그래야 왼쪽 팔이 내 몸의 진행을 막지 않고 자연스럽게 지나갈 수 있으니까요. 왼손으로 교통카드를 들고 지나가려 하면 카드를 찍는 곳이 오른쪽에 있어서 빨리 지나기가 어려워요. 그런데 왜 하필 오른쪽에 카드 인식기를 두었을까요? 오른손잡이가 많기 때문이겠죠. 단박에 우리는 지하철 시스템이 오른손잡이를 기준으로 설계되었고, 왼손잡이에게는 다소 불편한, 그래서 불평등한 시스템이라고 생각할 수 있어요. 우리가 자주 쓰는 대부분의 상품들이 오른손잡이를 기준으로 만들어져서 오른손잡이들은 아예 생각조차 해 보지 않았기 쉬워요.

우리 주변의 많은 문제가 바로 이렇게 우리가 당연하게 생각하는 것들과 관련이 있어요. 그래서 너무 뻔한 걸 의심해 보면 달리 생각해 볼 가능성이 생기고, 그것이 남을 배려하는 생각이나 좀 더 창의적인 생각으로 이어질 수 있어요. 그렇다면 어떤 생각들이 당연하게 여겨질까요? 내 몸을 움직이는 방법이나 내가 직접 경험한 것들, 혹은 우리가 이미 옳다고 믿고 있는 지식과 정보들이 먼저 떠오를 거예요.

가짜 뉴스를 믿고 있는 사람이 문득 데카르트처럼 내가 당연하게 여기고 있는 것이 거짓일 수 있을까 하고 스스로 자신의 믿음을 검사하기 시작한다면 어떻게 될까요? 자신과 생각이 다른 사람과 이야기를 나누어 보고, 자신의 믿음과는 반대되는 정보를 찾아보고 그 과정에서 무엇이 옳은지를 판단할 수 있다면, 그는 마침내 생각의 감옥에서 자신을 해방할 수 있을 거예요. 따라서 그가 자유로워지는 것은 '스스로' 자신이 당연하다고 생각하고 있는 것을 의심해 본 덕이라고 할 수 있어요.

비판적 사고가 불확실한 상황에서 가능한 한 최선을 선택하기 위한 기법이라고 할 때, 너무 당연해서 의심해 볼 생각조차 안 했던 것들을 심판대 위에 올리는 일은 비판적 사고를 하기 위한 준비과정이라고 할 수 있어요. 이렇게 준비가 되면 우리 앞에 놓인 여러 생각을 검사하기 시작해요. 무엇이 옳은지, 또 무엇이 더 좋은지를 검토해 보는 것이죠. 이것을 정당화 과정이라고 해요. 누군가 우리에게 "왜 그런 선택을 했나요?"라고 물었을 때 그를 이해시키고 고개를 끄덕이게 하는 대답을 찾는 것이기도 해요.

이런 정당화 과정은 수학에서 증명하는 것과 비슷하다고 할 수 있어요. 또 어떤 믿음의 증거를 찾는 과정이자, 선택의 이유를 분명히 하는 과정이기도 해요. 이 과정을 통과한 믿음이야말로 우리가 "그것이 옳다!", 혹은 "그것이 더 좋다!"고 말할 수 있는 근거가 됩니다. 베이컨의 말을 빌려 말하자면, 우상의 힘에 눌려 믿게 된 것이 아니라, 내가 '스스로' 생각해서 그 이유를 찾아낸 믿음을 갖게 되는 거예요.

생각하기도 연습이 필요하다고?

여러분이 탁구를 잘하고 싶다면 어떻게 해야 할까요? 연습을 많이 해야죠. 그렇다면 비판적 사고를 잘하려면 어떻게 해야 할까요? 탁구에서 서브를 넣는 여러 방법을 배우고 연습하듯 스스로 생각하는 법도 배우고 연습해야 할까요?

우리는 매일 생각하면서 살기 때문에 생각한다는 것은 곧 숨쉬기처럼 자연스러운 일이에요. 그러니 숨쉬기를 따로 배우는 사람이 없는 것처럼 생각하기를 배운다는 말은 좀 낯설게 들리기도 해요. 하지만 누구나 생각을 하지만, 아무나 좋은 생각을 하지는 않죠. "아차, 잘못 생각했다!"라는 말을 하기도 하고, "야, 그거 좋은 생각인데!" 하고 감탄하기도 하니까요. 또 자기는 올바른 말을 한다고 하면서, 사실은 상대를 그저 비난하는 것도 생각을 잘못한 예겠죠. 가짜 뉴스에 속는 것도 마찬가지고요. 그렇다면 우리가 생각을 잘하는 법, 혹은 우리 지성을 잘 사용하는 방법이 따로 있는가를 물을 수 있을 거예요.

앞서 소개한 데카르트는 지성을 어떻게 사용해야 잘 사용하는 건지에 대해 책을 쓰기도 했어요.《방법서설》이라는 제목의 책인데, 부제는 '이성을 올바르게 인도하고 학문 탐구에서 진리를 발견하는 방법'이에요. "나는 생각한다. 그러므로 존재한다"는 그 유명한 말도 바로 이 책에서 했어요. 데카르트는 우리의 지성을 잘 사용하는 방법으로 네 가지 규칙을 이야기해요. 첫 번째는 진리는 명백하게 증명할 수 있어야 한다는 명증의 규칙, 두 번째는 복잡한 문제는 단순한 것으로 나누어 분석해야 한다는 분석의 규칙, 세 번째는 단순하고 확실한 것에서 복잡한 전체로 차근차근 올라가야 한다는 종합의 규칙, 마지막은 고려해야 할 사항은 하나도 빠짐없이 다 살펴봐야 한다는 열거의 규칙이에요.

얼핏 보면 그리 특별해 보이지 않을 수도 있지만, 실제로 우리는 어떤 문제에 대해 이런 규칙들을 따져 가며 생각하기보다는 그저 떠오르는 대로 생각하는 경우가 많아요. 그래서 실수도 많이 하죠. 물론 이 네 가지 규칙이 지성을 올바르게 사용하는 방법의 전부는 아니에요. 데카르트는 진리를 탐구하는 학문의 방법으로 이 네 가지 규칙을 말했던 것이고, 실제 우리의 일상에서는 훨씬 더 많은 방법들이 있죠.

예를 들어 오늘 아침에 몹시 배가 아파 설사를 했다면, 일단 '어제 내가 무엇을 잘못 먹었나?' 배가 아픈 원인을 생각해 볼 거예요. 만약 어제저녁에 다른 사람들과 함께 밥을 먹었다면 나와 같은 음식을 먹은 다른 사람들도 배가 아픈지 물어볼 거예요. 그 사람들도 배가 아프다고 한다면, 함께 먹은 음식에 문제가 있었다고 생각하겠죠. 반면 그 사람들이 아무렇지도 않다면, 그 사람들은 별로 먹지 않고 내가 유독 많이 먹은 음식이 있었는지도 생각해 볼 거예요. 이런 생각의 방식은 어떤 사건의 원인을 추리하기 위해 사용하는 '일치법'과 '차이법'이라는 방법이에요. '일치법'은 공통적인 것에 주목해 원인을 추리하고, '차이법'은 차이에 주목해 원인을 추리해요.

어떤 생각이 사실인지 아닌지 따져 볼 때는 증거를 확인해 봐야 해

올바르게 생각하는 방법을 우리는 '논리'라고 말해요. 올바르게 판단하는 생각의 기술과 규범에 관한 학문을 논리학이라고 부르고요. 똑같은 정보를 가지고도 논리적으로 사고하는 사람은 올바른 판단을 하는 데 반해, 논리적 사고에 익숙하지 않은 사람은 잘못된 판단을 하거나 오류를 저지를 수 있어요. 그런 의미에서 논리적 사고는 비판적으로 사고하는 사람에게는 필수적인 역량이라고 할 수 있어요. 우리가 논리학이나 수학(수학은 논리학의 다른 버전이라고 할 수 있어요)을 배워야 하는 이유이기도 하죠.

그런데 우리가 내린 판단들이 사실과 부합하는지는 다른 관점에서 생각해 봐야 해요. 등산을 가서 산에 커다란 돌이 세워져 있는 모습을 봤고, 그 돌이 직육면체의 모습이라고 해 보죠. 우리는 어떤 생각을 할까요? 아마도 누군가 여기에 돌을 조각해 놓았나 보다 하고 생각하기 쉬울 거예요. 왜 그럴까요? 어떻게 그런 판단에 이르게 되었는지 짐작해 보면, "자연물 중에 직선은 아주 드

물다. 따라서 직육면체는 자연적인 구조물일 가능성이 아주 작다. 이 돌이 자연적 구조물일 가능성이 작다면, 사람이 만들었을 가능성이 크다. 따라서 누군가 이 돌을 직육면체로 다듬어 놓았을 가능성이 크다"라고 생각하겠죠. 우리의 추리는 논리적으로 아주 그럴듯해요. 하지만 정말 사람이 그 돌을 다듬어서 그런 것인지, 아니면 정말 적은 확률이지만 자연적으로 돌이 그렇게 생긴 것인지는 확인이 필요한 일이에요.

어떤 생각이 사실인지 아닌지를 따지기 위해서는 증거를 확인해 봐야 해요. 또 이 증거가 우리가 내리는 판단과 직접적인 관계가 있는 증거인지, 아니면 간접적으로만 관계가 있는 증거인지, 증거의 수는 충분한지 아닌지 등을 따져 보는 일은 우리가 올바르게 판단하기 위해 생각해야만 하는 일이에요.

이 정도만 해도 우리의 지성을 잘 사용하기 위해서 알아 두어야 할 것들이 적지 않다는 것을 알 수 있을 거예요. 논리학이나 수학을 잘 배워 두면 큰 도움이 되는 까닭이에요. 또 하나 생각해야 하는 문제는 지성을 잘 사용하는 방법이나 원리를 그저 알고 있다는 것만으로는 부족하다는 거예요. 탁구공에 스핀을 거는 방법은 알아도 몸이 잘 따라 주지 않으면 멋진 스핀 서브를 보낼 수 없는 것처럼, 비판적으로 사고하는 것도 몸에 배어야 해요. 몸을 특정한 방식으로 많이 움직인 사람은 그쪽의 근육이 그렇게 하지 않는 다른 사람에 비해 더 발달하죠. 생각하기도 마찬가지랍니다. 내가 내린 판단에 적절한 증거가 있는지 따져 보고, 나의 다른 믿음들과 충돌하는 것은 아닌지 생각해 보는 일이 거의 자동으로 작동하도록 습관이 되어야 해요.

AI는 질문을 잘 못한다고?

질문은 우리의 생각이 나아갈 길을 열어 주는 이정표와 같아요. 좋은 질문은 우리 생각을 잘 이끌어 가지만, 잘못된 질문은 엉뚱한 곳으로 이끌죠. 우리 생각이 엉뚱한 곳으로 빠지지 않게 질문을 잘하려면 무엇이 필요할까요?

꽤 많은 학생이 어릴 적에는 질문을 잘하다가 중학교와 고등학교에 진학하면서 점점 더 질문을 안 하게 돼요. 여러 이유가 있겠지만, 정답을 선택해야만 하는 시험에서 점수를 잘 받기 위해 생각하기의 태도를 바꾼 탓일 가능성이 커요. 정답이 있을 때 그 정답을 잘 맞히는 제일 좋은 방법은 암기예요. 그래서 자기도 모르게 문제에 대해 질문하기보다는 그냥 답을 외우려는 습관이 생긴 것인지도 몰라요.

비판적으로 사고하기에서 가장 중요한 것은 바로 질문하기예요. 거기에 좋은 질문을 할 수 있다면 금상첨화겠죠. 일단 질문을 한다는 것은 뭔가 이해가 되지 않는다거나, 대충 뭔지는 알겠는데 정확하게 알고 싶다는 뜻이에요. 따라서 내가 부족한 부분이 있다는 것을 스스로 알아차리고, 그 부족한 부분을 채우겠다는 의지를 보이는 것이기 때문에 발전할 가능성이 있어요. 반면 질문을 하지 않는 것은 내가 전혀 이해하지 못해서 무엇을 모르는지조차 모르고 있거나, 생각하기가 귀찮고 번거로워서 그냥 정답을 외우고 말겠다는 태도일 가능성이 크죠.

이렇게 답을 외워 버리려는 태도는 무엇을 떠오르게 하나요? 바로 AI예요. AI는 자신에게 어떤 문제가 제시되었을 때, 커다란 데이터 집합에서 그 문제를 해결할 확률이 가장 높은 답을 제출하도록 설계되어 있어요. 게다가 AI는 암기의 최강 달인이죠. 이제 'AI가 우리의 일상 속에서 우리를 도와주게 된다면?' 하고 상상해 보세요. 어떤 일이 벌어질까요? 어떤 정보나 지식을 반드시 암기해야 할 필요는 점점 적어질 거예요. 따라서 문제와 답을 잘 기억해서 시험에서 높은 점수를 받은 사람이라고 하더라도 우리 시대가 필요로 하는 능력을 갖추었다고 말하기는 어려울 겁니다. 요즘 교육이 변화하고 있고, 또 변화해야만 하는 이유예요.

그런데 모든 것을 암기할 수 있는 AI가 아직도, 어쩌면 앞으로도 쉽지 않은 일은 바로 질문하기예요. 앞서 말했듯 질문할 수 있다는 것은 자신의 상태를 자신이 알고 있다는 뜻이에요. 자신에게 뭔가 부족한 것이 있다는 것을 '알고' 있는 것이죠. 이는 자기 자신을 대상화할 수 있는 반성 능력이 있다는 것을 의미해요. 또 질문을 한다는 것은 그 반성을 토대로 자신을 개선하려는 의지가 있다는 뜻이에요. AI에게 이런 능력이 생기려면 먼저 AI 스스로가 자신을 인식하는 자아를 가져야 해요. 흔히 이야기하는 '강한 AI'가 되어야 하는 거죠. 만약 그런 AI가 정말로 등장하게 된다면 인류 역사는 그 순간부터 새로운 국면을 맞게 될 겁니다.

AI는 문제-답을 연결할 뿐 스스로 생각하지는 못해

비판적 사고가 '스스로 생각하기'라고 할 때 그것의 출발점은 무엇일까요? 바로 질문이에요. 앞서 나온 지하철 게이트와 오른손잡이 문제를 세렌디피티 상황과 연결해서 다시 생각해 보죠. 오른손잡이인 누군가가 우연히 지갑을 바지 왼쪽 주머니에 넣었다가 지하철 게이트 앞에 섰다고 해 봐요. 왼손으로 지갑을 꺼내 오른쪽에 놓여 있는 식별 장치에 카드를 대려고 하니 뭔가 어색했을 거예요.

누군가는 그 어색함에서 이렇게 질문을 해요. '왜 카드 인식기를 오른쪽에 있게 만들었을까?' 일단 머릿속에서 이런 대답이 떠오르겠죠. '아마, 오른손잡이가 많아서일 거야!' 그렇게 답이 나왔으므로 만족스럽게 가던 길을 갈 수도 있지만, 다시 질문을 떠올릴 수도 있어요. '그럼 왼손잡이들은 불편할 텐데, 다른 시스템들은 어떻지? 가만, 키보드 숫자판도 오른쪽에 있는 걸. 숫자판이 왼쪽에 있었다면 어떨까? 아, 엘리베이터 버튼도 오른쪽에 있구나!'

여기까지 생각이 이르렀다면, 이제 질문은 계속 이어질 수 있어요. '왼손잡이의 비율은 얼마나 될까?' '그렇게 소수의 사람에게 불편하도록 사회 시스템을 만드는 것은 정당한 일일까?' '이것은 왼손잡이한테는 불평등한 일인데, 어떤 종류의 불평등은 우리가 받아들일 수 있고 어떤 종류는 바꿔야 하는 걸까? 그 기준이 있을까?'

이러한 생각의 연쇄가 바로 질문이에요. 질문이 우리의 생각을 계속 이어 나가게 하는 것이죠. 질문하기를 멈추면 우리의 생각도 제자리에 서 버려요. 요즘 짧은 콘텐츠를 지속적으로 보는 '쇼츠 중독'에 대한 말이 많아요. 많은 사람이 이런 현상에 대해 걱정을 하는데, 여러 이유가 있겠지만 그중 하나는 '쇼츠' 같은 콘텐츠가 우리 생각을 멈추게 하기 때문이에요. 계속해서 스크롤을 하면서 쇼츠를 보다 보면 질문할 여유가 없죠. 끊임없이 우리의 뇌를 향해 밀고 들어오는 화려한 시각 정보 때문에 생각에 생각을 이어 나갈 시간이 없어요. 우리 눈을 통해 들어오는 시각 정보 처리에 뇌가 너무 바쁘거든요.

비판적 사고를 잘하기 위한 조건은 질문을 잘하는 것이에요. 이것은 AI가 잘할 수 없는 일이기도 하죠. 그런데 질문이 많다고 해서 무조건 좋은 것은 아니에요. 질문 중에는 좋은 질문도 있고 쓸데없는 질문들도 많아요. 따라서 질문을 잘한다는 것은 좋은 질문을 많이 해야 한다는 뜻이기도 해요.

어떤 질문을 해야 할지 모르겠다고?

주변에서 보면 좋은 질문을 잘하는 사람들이 있어요. 머리가 좋아서일까요? 아니면 훈련을 통해 습득한 기술이 많아서일까요? 손재주가 좋은 목수들을 보면 여러 도구가 든 상자를 가지고 있죠. 우리가 질문할 때도 그런 상자가 있으면 어떨까요?

질문을 할 때 우선 떠오르는 생각은 '왜 그렇지?' 혹은 '어떻게 해야 하지?'예요. 이때 '왜?'라는 질문은 어떤 현상의 원인을 묻는 물음일 수도 있고, 어떤 선택의 이유일 수도 있어요. 또 '어떻게'라는 질문은 방법에 관한 물음일 수도 있고, 절차에 관한 물음일 수도 있어요. 그래서 우리가 하는 질문도 분석이 필요해요. 그럼 어떤 문제 상황에서 무슨 질문을 하면 우리가 올바르게 판단할 수 있을까 분석해 보죠.

도구 상자에 들어 있는 좋은 질문의 여덟 가지 유형

첫째, 내가 부딪친 문제가 무엇인지를 정확히 알고자 하는 질문들이 있어요. '진짜 문제가 뭐야?' 같은 질문이 그렇죠. 문제가 정확히 정의되면 답을 찾는 방향도 정해지기 때문이에요.

둘째, 그 문제를 해결해야 하는 이유나 목적에 관한 질문이에요. '왜 그 문제를 해결해야 하는가?'에 대해 서로 생각이 다른 사

좋은 질문의 8가지 유형

1. 문제가 무엇인지 알고자 하는 질문
2. 문제를 해결하는 이유나 목적에 관한 질문
3. 당연하게 받아들이고 있는 가정에 관한 질문
4. 생각의 과정을 따져 보는 질문
5. 중요한 것과 사소한 것을 구분하는 질문
6. 결과를 예측해 보게 하는 질문
7. 문제의 맥락이나 배경을 묻는 질문
8. 문제를 바라보는 관점에 관한 질문

람들이 있다면 그 이유나 목적이 서로 다르다는 것을 알 수 있죠.

셋째, 나 자신이나 다른 사람이 '이것이 맞다'고 생각할 때, 당연하게 받아들이고 있는 가정에 대해 질문할 때도 많아요. 어딘가로 빨리 가야 하는데, 누구는 택시를 타자고 하고, 누구는 지하철을 타고 가자고 한다면, 두 사람이 받아들이고 있는 가정은 '택시가 편하고 빠르다'거나, '지하철은 도착 시간을 예측하기 쉽다'는 생각을 가정하고 말하는 것이죠. 이처럼 사람마다 옳다고 믿고 있는 가정이나 전제가 다를 때가 많기 때문에 그 차이를 확인할 수 있게 해 주는 질문은 좋은 질문이에요.

넷째, 누군가의 판단에 대해 '왜 그런 생각에 이르게 되었는지' 그 생각의 과정을 분명히 하려는 질문도 좋은 질문이라고 할 수 있어요. 가끔 우리는 논리적인 오류를 범하기도 하니까 혹시 과정에서 잘못 생각한 것은 없는지 확인할 수 있는 질문도 좋은 질문이에요. "왜 그런 생각을 하게 된 거야?"라고 묻는 것이죠. 나 자신에게도 내가 '왜 이런 생각을 하게 된' 것인지 그 과정을 차근차근 따져 볼 수 있도록 물을 수 있어요.

다섯째, 중요한 것과 사소한 것을 구분하는 질문도 좋은 질문이에요. 우리가 집중해야 할 것과 그렇지 않아도 되는 것, 혹은 반드시 포함되어야 하는 것과 그렇지 않아도 크게 문제가 없는 것을 판단할 수 있게 해 주는 질문이죠. 흔히 선택과 집중이라는 말을 해요. 바로 이런 상황을 가리킨다고 할 수 있어요. 따라서 '이 문제에서 정말 중요한 게 뭐야?'라고 묻는 것은 좋은 질문이 될 경우가 많아요.

여섯째, 어떤 선택이나 행동의 결과를 미리 생각해 보도록 하는 질문이에요. 누군가 이 문제를 해결하기 위해서는 '이렇게 해야 한다'고 말했다고 해 봐요. 그때, '네 생각대로 하면 어떤 결과들이 나올까?'를 묻는 것이죠. 'AI 기술이 계속 발전하면 어떤 일들이 벌어질까'를 묻는 것도, AI가 가진 사회적 영향력을 생각해 보도록 자극하는 질문이에요.

일곱째, 이 문제가 생기게 된 상황 조건이나 맥락에 관한 질문이에요. 어떤 것이 문제가 되었다는 사실은 그것을 문제로 만드는 어떤 조건들이 무르익었다는 뜻이기도 해요. 따라서 문제의 맥락을 알게 되면, 왜 그것이 문제인지를 이해할 수 있어요. '그게 문제가 된 까닭이 뭐야?'라고 묻거나, '그게 문제가 된 배경을 좀 알면 좋겠는데' 등이 문제의 맥락을 묻는 질문이에요.

여덟째, 문제를 바라보는 관점에 관한 질문이에요. 같은 문제라도 어떤 관점에서 보느냐에 따라 그 문제의 의미를 다르게 해석할 수 있어요. 어떤 사람은 AI가 사람의 일자리를 대체해 나가는 과정에서 경제가 어떤 방식으로 변할지를 고민하고, 또 어떤 사람은 AI가 사람을 대신하게 되었을 때 일어날 수 있는 윤리적인 문제를 생각해요. 같은 대상이라도 어떤 관점에서 보느냐에 따라 판단은 달라질 수 있어요. 이렇게 문제를 다른 관점에서 볼 수 있게 해 주거나, 내가 이 문제를 어떤 관점에서 보고 있는지를 확인할 수 있게 해 주는 질문도 좋은 질문이에요.

어떤 질문을 해야 할지 모르겠다면, 위에서 말한 여덟 가지 기준을 생각해서 질문을 떠올려 보세요. "이 문제를 해결하려는 목적이 뭐지?", "당연하게 받아들이고 있는 가정이 뭐기에 그런 주장을 할까?", "저 친구는 이 문제를 어떤 관점에서 보고 있을까?", "만약 저 생각이 옳다면, 결과적으로 어떤 일들이 일어나게 될까?", "이 문제 속에 또 다른 문제가 숨어 있는 것은 아닐까?" 등등 도구 상자에서 필요에 따라 도구를 꺼내 쓰듯, 여러 유형의 질문들을 질문 상자 속에 넣어 놓고 필요할 때마다 문제의 성격에 맞게 꺼내 쓸 수 있어요.

사실과 의견을 구별해야 한다고?

요즘 사람들이 문해력이 떨어지고 있다는 이야기를 들은 적이 있나요? 문해력이란 어떤 정보를 이해하는 능력을 말하는데 문해력이 떨어진다면 좋은 의사 결정을 할 수 없을 거예요. 그런데 이 문해력은 그저 정보를 읽는 능력만이 아니라 사실과 의견을 구분하는 능력을 말하기도 해요.

앞에서 데이터 스모그에 관한 이야기를 했죠. 누군가 어떤 질문이 생겼을 때, 그 답과 관련된 정보가 너무 많다는 뜻이에요. 그중 어떤 정보와 대답이 내 문제를 해결하는 데 정말 중요한 정보이고, 또 여러 답 중에 어느 답이 더 좋은 해법인지를 판단할 수 있어야 해요. 이를 위해서는 먼저 사실에 관한 판단과 의견을 구분할 수 있어야 해요.

'사실'이란 말 그대로 사실, 혹은 그런 사실을 객관적인 데이터나 정보로 표현한 것을 뜻해요. 올바른 방법으로 조사된 각종 통계자료 같은 것들이 포함되겠죠. 또 우리 사회의 여러 일을 객관적으로 보도하는 뉴스들도 사실이라고 할 수 있어요. 반면 그런 사실에 대해 이렇게 저렇게 해석하고 분석한 자료들은 '의견'이라고 해요. 어떤 사실에 대해 자기 나름의 해석을 덧붙여 그것의 의미가 무엇인지를 설명할 때 '그 이야기는 내 뇌피셜이야'라고 말하죠. 이때 '뇌피셜'이라는 말은 객관적인 근거는 아직 없다는 뜻이기도 해요. 따라서 그 이야기를 믿기 위해서는 비판적인 검토가 필요해요.

AI 시대에 사실과 의견을 구별하는 능력은 필수

어떤 사실에 대한 해석은 상황에 따라 또 그 사실에 어떤 의미를 부여하느냐에 따라 다를 수 있어요. 우리가 의견이라고 말하는 것들은 대부분 해석을 의미해요. 따라서 사실이라면 그것이 실제 현실을 올바르게 표현한 것인지, 의견이라면 그 사실에 대해 적절하게 의미를 부여한 것인지 확인이 필요해요.

어떤 의견이 문제 상황에 대한 적절한 해석인지 확인하기 위해서는 의견이 생산된 '상황적 맥락', 그 의견의 출처 등에 대한 비판적 검토가 필요해요. 예를 들어 우리나라 1인당 국민 총소득이 5,000만 원을 넘었다는 이야기를 듣고 누군가 '우리나라 사람들이 이제는 잘 사는구나'라고 말했다고 해 보죠. 이때 1인당 국민총소득이 5,000만 원이 넘었다는 것은 사실에 해당하고, '우리나라 사람들이 이제는 잘 산다'는 것은 그 사실에 대한 누군가의 의견이에요.

먼저 그 사실을 확인하는 일을 생각해 보죠. 공신력이 있는 한국은행과 OECD(경제협력개발기구) 자료를 통해 5,000만 원이 넘는 것이 사실인지 확인합니다. 이런 확인 과정은 사실 여부를 따지는 데 중요한 절차예요. 다음으로 '우리나라 사람들이 이제는 잘 사는구나'라는 의견이 적절한지를 따져 봅시다. 우리나라에서 돈을 가장 많이 버는 사람부터 가장 적게 버는 사람을 일렬로 세웠을 때 한가운데 있는 사람의 소득을 '중위 소득'이라고 하는데, 보건복지부 발표 기준 2025년 1인 가구의 중위 소득은 월 239만 2,013원입니다. 1년 소득으로 하면 2,800여만 원이에요. 일인당 국민 총소득의 절반 금액을 조금 넘는 수준이네요.

왜 이럴까요? 평균값을 계산하는 방법이 다르기 때문이에요. 5명의 친구가 있는데 한 친구가 10억을 벌고, 나머지 4명의 친구가 2,800만 원씩 번다고 하면, 평균 소득은 2억 2천여만 원이 돼요. 반면, 중위 소득은 2,800만 원이죠. 중위 소득과 평균 소득에 대한 개념 차이를 자세히 살펴보지 않으면 5명 모두 잘 사는 친구들이라고 생각할 수 있을 거예요. 이와 비슷하게 앞서 우리나라 사람들의 평균 소득이 5,000만 원이 넘었다고 해서 단순하게 우리나라 사람들이 잘 산다고 생각해 버리면 놓치는 것이 있겠죠.

비판적 사고에 익숙한 사람은 어떤 사실에 대한 개인적 의견에 대해서는 말할 것도 없고, 설령 객관적인 사실이라고 해도 그 사실에 어떤 숨겨진 의미가 있는지 주의 깊게 분석하려고 해요. 단순히 사실이라는 이유만으로, 혹은 사실에 기초한 판단이라는 이유만으로 그 사실의 의미를 단순하게 받아들이는 것은 올바른 판단을 내리는 데 결코 도움이 되지 않아요. 게다가 사실과 의견을 혼동하면, 다시 말해 누군가의 의견을 마치 객관적인 사실인 것처럼 받아들이면 더 문제겠죠.

몇 년 전 유네스코에서 전 세계 학생들의 학업 능력을 조사한 결과를 발표했는데 그 안에 조금 놀라운 내용이 있었어요. 한국 학생들이 다른 나라 학생들과 비교해 사실과 의견을 잘 구별하지 못한다는 겁니다. 온라인에 올라온 이런저런 이야기들을 너무 쉽게 믿어 버리는 경향이 있다는 거예요. 우리 학생들이 왜 그런지 깊게 생각해 봐야 할 대목이에요. 점점 더 AI가 우리에게 정보를 요약해 주고, 다양한 의견들을 정리해 주는 시대가 되고 있는데, 사실과 의견을 구별하는 일은 앞으로 더 중요해질 거예요.

만일 내가 심판이라면?

결정!

여러분은 지금 침몰하고 있는 여객선의 선장이에요. 구명정의 수가 모자라 일부 사람만 구할 수 있다면, 여러분은 어떤 사람들을 먼저 태우라고 하겠어요? 그 순서를 정하는 데 정답이 있을까요?

다시 데이터 스모그 이야기로 돌아가 볼까요. 디지털 미디어 시대가 되면서 우리 주변에 정말 많은 정보가 넘쳐 나요. 그중에는 우리의 판단에 큰 도움이 되는 정보들도 많지만, 우리를 잘못 인도하는 정보들도 많아요. 따라서 비판적으로 사고하려는 우리는 어떤 것이 유용하고 좋은 정보인지 잘 판별해야만 합니다. 그런 의미에서 비판적 사고는 일종의 심사자이자 재판관 역할을 하는 거라고 할 수 있어요. 어떻게 하면 훌륭한 심판이 될 수 있을까요?

사실 우리는 일상에서 늘 심판의 역할을 하죠. 맛집이나 음식에 대한 평가가 다 그런 거니까요. 한 유명한 셰프의 평가처럼 고기의 익힘 정도는 고른지, 또 간은 적절한지 평가하죠. 이와 비슷하게 비판적 사고 또한 평가하는 사고라고 할 수 있어요. 어떤 판단이 좋은 증거에 의해 지지받는 판단인지, 잘못된 전제로부터 끌어낸 결론은 아닌지 등을 판단해요. 앞서 나온 '우리나라 일인당 국민 총소득이 5,000만 원이 넘었으니 우리나라도 잘 사는 나라가 되었다!'라는 말을 여러분이 들었다면 어떻게 평가하겠어요?

일단 객관적인 사실에 토대를 둔 것이므로 설득력이 있다고 말할 수 있어요. 하지만 누군가가 이렇게 되물으면 어떨까요? "비록 평균 소득은 높지만, 중위 소득과 평균 소득 간의 격차가 큰 것을 보면 소득의 불평등이 크다고 해석할 수 있어. 실제로 소득 불평등이 크다면, 잘 사는 나라라고 말하기는 어려울 것 같아. 소수는 아주 잘 살고, 대다수가 어렵게 산다면 그 나라를 잘 사는 나라라고 보긴 어렵지 않을까?" 이러한 평가는 '잘 사는 나라'라는 말의 의미를 한 번 더 생각해 본 것이죠. 어떤 주장이나 판단에 대한 평가는 사실을 왜곡하지 않아야 하고, 또 그 주장이나 판단을 많은 사람이 납득할 수 있어야 해요. 우리가 이런 부분을 잘 평가한다면 좋은 심판 역할을 할 수 있어요.

"기후 위기 해결을 위해 개발도상국의 산업화를 막아야 할까?"

비판적 사고에 숙련된 사람은 어떤 주장을 평가할 때, 그 주장의 논리적인 측면들을 먼저 검토해요. 그 주장의 근거로 이용하고 있는 전제에는 문제가 없는지, 우리가 이미 참이라고 알고 있는 다른 주장들과 모순은 없는지 등을 차근차근 살펴보는 것이죠. 다음으로 논리적으로는 문제가 없더라도 그 주장이 사회적으로나 윤리적으로 받아들일 수 있는 주장인지도 따져 봐야 해요.

지금 지구는 유례없이 더워지고 있어요. 그 원인 중 하나는 인류가 너무 많은 이산화탄소를 배출하고 있다는 것이에요. 우리가 편리한 삶을 누리기 위해 사용하는 여러 물건을 만들 때 이산화탄소가 배출되고 있어요. 다른 한편 지구촌 곳곳에는 지하철도 없고, 자동차도 많지 않고, 여름에 에어컨도 없는 곳에서 사는 사람들이 많죠. 대부분 그 나라의 경제가 발전하지 못했기 때문이에요. 만약 그 사람들이 생활 여건을 개선하기 위해 산업을 발전시키고, 도시를 짓고, 또 마음껏 에어컨을 틀고 자동차로 여행을 다니기 시작하는 등 선진국 사람들처럼 생활방식을 개선하려면 그만큼 많은 이산화탄소가 배출돼야만 할 거예요.

그래서 누군가 이런 주장을 하는 거예요. "만약 개발도상국이 산업화하기 시작하면, 지구 전체에 이산화탄소 배출량이 증가할 것이고 기후 위기는 더 심해질 것이다. 따라서 기후 위기를 해결하기 위해서는 개발도상국이 산업화하는 일은 막아야 한다."

여러분은 이런 주장을 어떻게 평가하겠습니까? 일단 기후 위기가 있다는 사실은 부인하기 어려워요. 또 개발도상국의 산업화는 현재로서는 화석 연료에 많은 부분을 의존하고 있기 때문에 이산화탄소 배출량은 늘어날 수밖에 없어요. 많은 개발도상국이 선진국 수준으로 산업화한다면 기후 위기가 악화될 수밖에 없어요. 그러니 개발도상국은 더 이상 발전하려고 하지 말고 현재의 불편함을 있는 그대로 받아들이고 살라고 해야 할까요?

개발도상국 사례는 논리적으로는 맞는 말이라고 하더라도 사회적인 조건이나 윤리적인 측면에서 우리가 받아들이기 어려운 문제를 잘 보여 줘요. 합리적으로 행동하는 것과 윤리적으로 행동하는 것이 서로 충돌하는 딜레마와 같은 상황은 우리 주변에서 많이 볼 수 있어요. 마치 앞선 예처럼 구명정에 모두를 태울 수 없을 때, 누구를 먼저 타게 할지 결정해야만 하는 일들이 그렇죠.

이때 우리가 최선의 결정을 하려면 우리가 중요하게 여기는 가치들의 우선순위를 잘 정해야 해요. 훌륭한 심판이 되려면 바로 그 평가 기준들을 명료하게 이해할 뿐만 아니라 평가 기준들 사이에 우선순위도 정할 수 있어야 해요. 그래서 비판적 사고가 필요해요. 비판적 사고는 불확실한 상황에서 가능한 한 최선을 결정하기 위한 생각 기법이니까요.

4장

비판적 사고와 문제 해결

문제를 해결하는 IDEAL 단계가 있다고?

중증의 호흡기 질환자들이 병원에 실려 왔는데 산소호흡기가 하나밖에 남지 않았어요. 나이가 아주 많은 어르신과 건장해 보이는 젊은 청년, 어린 소녀 모두에게 산소호흡기가 필요하다면 어떻게 결정해야 할까요?

이 일은 영화가 아니라 지난 코로나 바이러스 팬데믹 때 실제로 일어났어요. 최악의 상황에서 부족한 의료 자원을 어떻게 사용할 것인가를 결정하는 문제는 의료계나 정부뿐만 아니라 사회 전반에서 큰 고민거리였지요. 생존 가능성이 제일 큰 사람에게 호흡기를 주는 것이 합리적일 것 같지만 약자를 먼저 배려하라는 우리의 도덕 원칙에 비추어 보면 합리적으로 계산하는 방법이 꼭 좋다고 하기는 어려워요.

그럴 때 우리는 좀 더 중요하다고 생각하는 가치를 우선 고려해서 결정을 내려요. 어떤 가치가 우선하느냐는 우리가 처한 상황을 어떻게 평가하느냐에 달려 있어요. 경제적으로 여유가 없다면 가성비를 더 중시할 것이고, 여유가 있다면 심리적 만족이 더 큰 선택을 하겠죠. 의료 자원이 부족한 병원이라면 가장 위급한 환자를 우선한다는 원칙에서 선택할 거예요. 물론 사안에 따라 사람마다 다른 기준을 생각할 수도 있어요. 그래서 비판적으로 사고하려는 사람은 이렇게 가치 판단이 다를 수 있다는 사실을 이해하고 최대한 열린 마음으로 가능한 한 많은 사람이 납득할 만한 근거를 찾으려고 해요.

여기에 한 가지 덧붙여 생각해 봐야 할 것은 우리가 처한 상황이 정말 딜레마인가 하는 의심이에요. 비판적 사고에서 중요한 태도가 당연하다고 생각하는 것을 한번 의심해 보는 것이라고 한 까닭은 이런 상황에서도 적용이 되죠. 사실은 딜레마가 아닌데 딜레마라고 생각해 버리면, 어느 하나를 희생하지 않고서도 문제를 해결할 수 있는 창의적인 해법을 발견하기 어려우니까요.

앞서 기후 위기와 개발도상국 문제를 딜레마라고 생각한다면, 누군가를 희생시키는 방법을 떠올리기 쉬워요. 하지만 선진국들이 자국의 기술 개발을 통해 탄소를 발생시키지 않으면서도 산업화에 버금가는 생산 시스템을 구축할 수 있다면, 그 기술로 개발도상국을 지원할 수 있겠죠. 그렇게 되면 문제는 '누구를 희생시킬 것인가?'가 아니라 '그 기술을 어떻게 하면 빨리 발전시킬 것인가?'로 달라져요. 둘 중의 하나가 아니라 제3의 길을 찾는 창의적인 해법을 보는 눈은 앞으로 인류의 미래를 위해 점점 더 중요한 지적 역량이 될 거예요.

인류 역사에서 문제 해결을 위한 알고리듬을 체계적으로 발전시킨 것은 그리 오래지 않아요. 19세기 들어 과학이 발전하면서 사람들은 어떤 문제든 특정한 절차적 과정을 따르기만 하면 우리가 원하는 목표에 도달하는 방법에 대해 고민했죠. 우리가 문제를 해결할 때 어떤 절차적 과정을 거치는지 생각해 볼까요?

“문제 발견, 문제 정의, 해법 발견, 실행, 성찰하는 IDEAL 단계”

① 먼저 문제를 발견하는 단계가 있어요. 문제가 있다는 것이 분명해지면, ② 그 문제를 정확하게 정의하려고 애를 써요. 이번에는 ③ 그 문제를 해결하기 위해 가능한 여러 해법을 생각해 보고, 현재 조건에서 가장 합리적인 해법을 선택해요. 다음에는 ④ 체계적인 실행 계획을 세워서 해법을 실행해요. ⑤ 그 결과가 만족스럽다면 문제가 해결된 것이고, 만족스럽지 못하다면 이제까지 과정에서 무슨 잘못이 있었는지 반성한 뒤, 잘못된 부분을 수정해서 다시 문제 해결 절차를 반복해요.

이를 쉽게 기억할 수 있도록 도식화하면 뒤의 그림처럼 영어로 IDEAL의 단계라고 할 수 있는데, [I: 문제 발견] - [D: 문제 정의] - [E: 해법 발견] - [A: 실행] - [L: 성찰]의 단계로 이루어진 피드백 루프예요. 이 과정을 체계적으로 반복하면, 결과적으로 우리가 목표로 하는 상태에 도달할 수 있어요.

각각의 단계마다 제일 먼저 생각해야 하는 것은 우리가 원하는 목표를 분명하게 정의하는 것이에요. 문제가 해결된다는 것은 우리가 어떤 목표에 도달한다는 것을 뜻해요. 따라서 그 목표가 무엇인지를 분명히 해야 문제도 분명해져요. 예를 들어 지금 현실

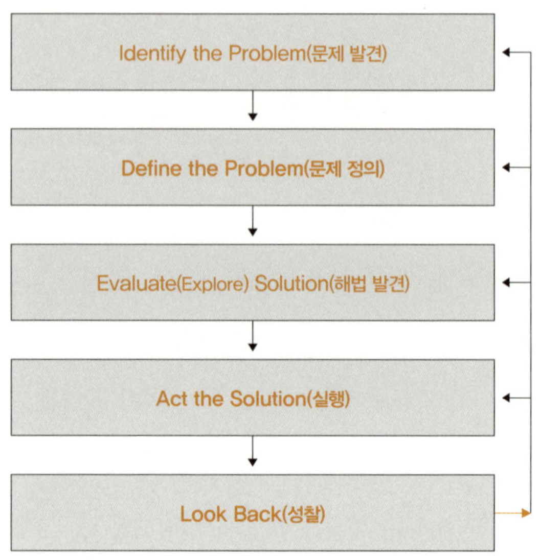

이 만족스럽지 못해서 좀 더 행복해지고 싶다는 생각이 들었다고 해 보죠. 그러면 지금의 현실이 문제고 그 문제를 해결하는 것은 내 현실을 개선하는 것이에요. 그런데 정작 내가 '행복'이라는 목표 상태를 정확히 규정하지 못하면 내 현실을 어떻게 개선해야 하는지 방향을 잡을 수 없어요. 행복이라는 목표, 혹은 많은 사람이 인생의 목표로 삼는 '성공'이라는 목표가 자신에게 구체적으로 무엇인지 규정하지 못하면서 막연히 행복해지고 싶다거나 성공하고 싶다고 한다면 그 목표에 도달하기는 쉽지 않아요.

목표는 일반적으로 어떤 이상적인 상태를 뜻해요. 그리고 그 이상과 우리의 현실 사이에는 언제나 간극이 있기 마련이죠. 문제를 해결해 나간다는 것은 이상과 현실 사이의 간극을 좁혀 나가는 거예요. 따라서 그 간극을 정확히 측정할 수 있어야, 내가 얼마나 이상적인 상태에 가까이 다가가고 있는지를 알 수 있죠. 지금 내가 처한 현실을 정확히 파악해야 하는 것은 물론이고요. 흔히 '현타가 온다'는 말을 하곤 하는데, 그 말의 실제 의미는 내 현실을 정확히 파악했다는 뜻이고, 그러면 막연히 생각하던 이상적인 상태와의 간극을 제대로 깨달았다는 뜻이겠죠. 문제를 해결하고자 한다면 현실을 정확히 분석하고, 그 문제가 해결된 이상적인 상태를 정확히 규정할 때 비로소 무엇을 어떻게 해야 할지를 분명하게 알 수 있어요.

18

문제를 잘 구별하는 게 중요하다고?

해결

문제를 잘 해결하는 사람들은 문제의 종류를 잘 구별합니다. 문제 종류에 따라서 해법의 방향이 달라지기 때문이죠. 문제의 종류를 잘 구별하지 못하면, 드라이버가 필요한 상황을 망치로 해결하려는 것과 비슷할 수 있어요.

문제에도 종류가 있을까요? '문제면 다 문제지, 문제의 종류는 또 뭐람?'이라고 생각할 수도 있지만, 경제적인 문제, 법적인 문제처럼 문제 영역이 다르면 성격이 다른 문제라고 봐야 해요. 그런데 그런 구분 말고, 앞서 데카르트가 지성을 사용한 방법에서 꼼꼼하게 분석하는 것이 중요하다고 했으니, 여기서도 문제의 종류를 잘 분석해 보도록 해요.

첫 번째, 정답이 있느냐 없느냐를 기준으로 나누어 볼 수 있어요. 정답이 있는 문제도 있고, 정답이 없는 문제도 있죠. 정답이 있는 문제라면 정답을 찾으면 되겠지만, 정답이 없는 문제인데 정답을 찾으려고 한다면 어떨까요? 대개 사람들은 정답이 하나라는 생각을 하죠. 정답이 하나라고 생각하는 사람은 자신의 답과 다른 생각을 가진 사람을 '틀렸다'고 생각하기 쉬워요. 생각이 다른 것이 아니라 틀린 것이라고 말이에요. 서로 다른 답을 가진 사람들끼리 만나서 자기 답이 정답이라고 주장하면 갈등이 생길 수밖에 없죠.

사춘기에 부모님과 생기는 갈등도 이런 경우일 때가 적지 않아요. 서로 다른 관점을 가지고 있는데, 각자의 답을 정답이라고 생각하고 상대가 잘못 생각했다고 판단하는 것이죠. 우선 이 문제가 정답이 있는 문제인가, 아닌가를 판단한 뒤에 각자의 답을 놓고 어느 것이 현재와 미래 모두에게 '더 좋은' 해결책인지를 진지하게 논의한다면 훨씬 더 좋은 답을 찾을 가능성이 커요. 그런데 그 과정 없이 자기 답만을 고집해서 갈등이 커지면 결국 더 좋은 해법을 찾을 기회도 날려 버리고 말겠죠. 비판적 사고가 개방성을 중요하게 여기는 이유도 이것 때문이에요.

두 번째, 해결해야 하는 문제와 해소되는 문제를 나눌 수 있어요. 이 둘은 답을 구하는 과정이 조금 달라요. 때로는 그 작은 차이가 아주 중요해질 때가 있어요. 문제를 해결해서 도달하는 목표 상태가 과거와는 다른 상태로 변화하는 경우와, 문제를 해결해서 원래의 상태로 돌아가게 되는 경우로 나누어 보면 이해하기가 쉬울 거예요.

예를 들어 친구와 싸워서 사이가 멀어졌다고 해 보죠. 이 문제를 어떻게 해결해야 할까요? 만약 나나 친구가 뭔가를 오해해서 갈등이 생긴 것이라면, 그 오해를 풀어 주면 원래 상태로 되돌아갈 수 있을 거예요. 이때 그 오해로 인해 생긴 문제는 정확히 말해서 '해소'된 거예요. 반면 친구와 내가 어떤 문제에 대해 서로 생각하는 해법이 다른 경우라면 내가 생각을 바꾸든지, 친구가 생각을 바꾸든지, 그것도 아니면 제3의 해법을 찾든지 해야 해요. 이렇게 어떤 변화된 상태가 되었을 때 문제가 사라진다면 그것은 '해결'이라고 할 수 있어요.

"문제를 해결하는 것과 문제를 해소하는 것은 달라"

그런데 문제 해결에 있어서 이런 해결과 해소의 구분이 왜 중요할까요? 이렇게 예를 들어 보죠. 몇 명이 모여 팀을 이뤄 기후변화 대응을 위한 아이디어 경진 대회에 나가기로 했어요. 신나게 아이디어 회의를 하고 드디어 최종 후보 두 가지가 남았어요. 한 친구는 우리의 생활 태도를 바꾸는 캠페인 아이디어를 내고, 다른 한 친구는 에너지 절약을 강제하는 제도를 제안하자고 했죠. 함께 팀을 이룬 다른 친구들도 이 두 아이디어에 모두 공감했어요. 그런데 어느 것을 제출할지를 두고 팀 내 의견이 갈렸어요.

이 문제는 어떻게 해결해야 할까요? 유감스럽게도 팀이 둘로 나뉘어 한쪽은 캠페인을, 한쪽은 제도 도입을 주장하면서 서로 포기하지 않고 있어요. 갈등이 커지자 마침내 한 친구가 시간을 갖고 서로의 의견에 대해 천천히 생각해 보자고 제안해요. 단, 정해진 기일 안에 완성도 높은 결과가 나와야만 해요. 어느 것을 최종안으로 결정할지를 두고 너무 많은 시간을 쓰면 정작 함께 힘을 모아 최선의 결과물을 만들어 낼 시간이 부족하게 되겠죠. 시간

계획을 세워 언제까지 최종안을 선정하기로 하고, 선정하는 절차와 선정된 안에 모두가 합의하는 것이 더 구체적이고 효과적인 해법이라고 할 수 있을 거예요.

문제를 이렇게 해결하는 것은 특정 시간에 어떤 결과가 나와야 한다는 조건이 있기 때문이에요. 반면 이런 제약 조건이 없는 상태에서, 갈등은 해결해야 할 문제라기보다는 해소되어야 할 문제죠. 어떤 이유로 친구에게 감정이 상했는데, 그 친구가 우리가 친구 사이를 유지하기 위해서는 언제까지 그 문제를 풀어야 한다고 최후통첩을 날린다면 더더욱 어려운 상황이 되기 쉬워요. 감정은 우리 마음대로 바꿀 수 있는 것이 아니니까요.

제한된 시간 안에 결과를 내야 하는 문제를, 친구 사이에 감정이 상한 문제와 같은 것으로 생각한다면 좋은 결과를 내기 어려워요. 사실 어떤 문제의 해법을 찾아야 하는 상황에서 의견 충돌이나 갈등이 있을 때, 당사자들 모두가 문제의 종류를 잘 이해한다면 갈등을 해결하는 절차와 방법에 대해 공감하기가 쉬워요. 따라서 문제의 종류를 잘 구별할 수 있다는 것은, 그 문제를 어떤 과정을 거쳐 해결할 것인지에 대한 계획을 잘 세울 수 있다는 뜻이기도 해요.

진짜 문제와 가짜 문제?

갑자기 몸에 열이 난다고 할 때 해열제를 먹어 열을 떨어뜨리기만 하면 문제가 해결된 것일까요? 몸 어딘가 염증이 생겨 열이 오른 거라면, 해열제만으로는 해결되지 않아요. 이때 염증이 문제의 핵심 원인이고 열은 거기서 파생된 것이므로 진짜 문제는 염증이라고 할 수 있어요.

문제라면 다 똑같지, 가짜 문제가 따로 있나 하고 되물을 수 있어요. 진짜 문제와 가짜 문제를 구별하는 것은 다소 과장된 표현이기는 해요. 하지만 정말 중요한 문제와 덜 중요한 문제를 구별하는 것은 꼭 필요해요. 심지어 덜 중요한 문제 중 상당수는 진짜 문제가 해결되면 특별한 노력 없이도 저절로 해결되기도 해요. 따라서 아주 복잡하게 얽혀 있는 문제라면, 그중 무엇이 핵심인지를 파악하는 것이 아주 중요해요. 덜 중요한 문제를 해결하려고 시간과 에너지를 쓰는 바람에 정작 중요한 문제를 해결할 시간과 에너지를 잃게 된다면 안 되겠죠.

그렇다면 AI로 인한 일자리 문제를 분석해 볼까요? 만약 AI 기술이 발전해서 일자리가 줄면, 실업자가 늘어나서 경제적으로 어려운 사람이 더 생길 거예요. 당연히 소비도 줄어 물건이나 서비스를 팔아야 하는 기업들도 어려워지겠죠. 이렇게 나라 전체의 경제가 어려워지면 모두가 살기 힘든 세상이 되니 도미노처럼 여러 사회문제가 꼬리를 물고 일어날 거예요. 그런 의미에서 일자리 문제는 여러 문제의 뿌리가 되는 중요한 문제라고 할 수 있어요.

최근에는 사회적 합의를 통해 일자리 수를 유지하고 노동 시간을 줄이는 방법을 제안하기도 해요. 지금처럼 9시까지 출근해서 6시까지 일하는 것이 아니라 하루에 4시간만 일하거나, 주 3일이나 주 4일만 일하는 방식으로 말이죠. AI 덕에 생산성은 줄어들지 않을 테니까요.

"진짜 문제를
찾아내기 위해서는
지금 무엇이 중요한가를 찾아내야 해"

그러면 월급은 어떻게 될까요? 하루에 4시간만 일해도 8시간 일한 것과 똑같은 월급을 받을 수 있을까요? 월급도 절반으로 깎여야 하는 것은 아닐까요? 만약 그렇게 소득이 줄어들면 애초에 일자리 수가 줄어들어 생기는 상황에 비교해도 달라질 것이 없어요. 따라서 일자리 문제의 핵심은 소득이라고 할 수 있어요. 문제를 다시 바꾸어 써 보면, AI로 인해서 일자리가 줄어드는 것이 문제이기는 하지만, 진짜 문제는 국민의 소득이 줄어드는 것일 수 있어요. 설령 일자리가 줄어들어도 소득이 줄지 않는다면 사정이 달라지니까요.

물론 일자리 문제가 이렇게 단순하지만은 않아요. 일자리는 소득만의 문제는 아니고, 일을 통해 성취감을 얻는 등 자아실현이나 삶의 의미와도 관련된 문제니까요. 하지만 이런 논의를 통해 무엇이 진짜 문제고 무엇이 파생 문제인지를 구분하는 일의 중요성은 알 수 있어요. 그 구분을 정확히 하지 못한다면 문제 상황에 대해 적절하게 대응하기도 쉽지 않겠죠. 다만 무엇이 핵심 문제인가는 그것을 둘러싼 상황 조건이나 맥락에 따라 달라질 수 있어요. 따라서 진짜 문제를 찾아내기 위해서는 맥락을 파악하는 것이 중요해요.

이는 결국 무엇을 더 중요하게 여길 것인가 하는 가치 판단과 관련이 있어요. 그래서 문제를 잘 분석하기 위해 정말 중요한 것은 '지금의 상황에서 무엇이 중요한가?'라는 질문이에요. 이 질문이 중요하다는 것을 모르는 사람은 별로 없겠지만, 너무 잘 알고 있어서 오히려 소홀하게 생각할 수도 있어요. 어떤 문제 상황에서 누구나 '당연히 이게 제일 중요한 거 아냐?'라고 생각할 때가 많아요. 그런데 그 당연하게 생각하는 것이 때로는 좋은 해법을 찾을 기회를 숨기는 장애물이 될 수도 있어요.

20
관점을
달리하면
해결 방법도
달라져?
창의성

산에 높이 오르면 오를수록 눈에 들어오는 풍경이 달라지죠. 관점이 달라졌기 때문이에요. 우리가 문제를 풀 때도 어떤 관점에서 보느냐에 따라 해법의 방향이 달라져요.

어떤 기술이 한 사회에 널리 쓰일 때, 그 기술을 범용 기술이라고 불러요. 전기나 자동차, 인터넷 같은 기술이 그렇죠. 보통 어떤 범용 기술이 등장하면 그 사회의 시스템 자체가 그 기술에 맞게 변화해요. 요즘은 급하게 뭔가 필요해서 인터넷으로 주문하면 다음 날 아침이면 문 앞에 배달이 되죠. 그런데 전기가 없거나 자동차가 없었다면 하고 상상해 보세요. 지금처럼 하루 만에 필요한 물건이 내 집 앞에 온다는 상상은 하기 어려워요. 매일 접하는 뉴스도 지금이야 인터넷을 통해 지구 반대편에서 일어나는 일을 거의 실시간으로 알 수 있지만, 과거라면 도저히 상상할 수 없던 일이에요.

AI가 범용 기술이 된다는 것은 앞으로 우리 사회에 이런 방식으로 커다란 변화가 생긴다는 뜻이기도 해요. 다만 막대한 에너지가 필요할 거예요. 이런 맥락에서 문제를 다시 정의해 봅시다. 일단 에너지 부족의 문제니까 말 그대로 에너지가 '부족하다'는 관점에서 보면, 해결책은 그 부족분을 채우는 것, 즉 공급의 관점에서 찾기 쉬워요. "에너지 부족은 에너지 공급이 충분하지 않아

생기는 문제다!"로 생각하는 것이죠. 그러면 문제의 해법을 에너지 공급을 늘리는 데서 찾으려 할 거예요.

그런데 에너지 부족의 문제를 꼭 공급의 관점에서만 보아야 할까요? 비판적 사고의 한 기법을 따라 당연하게 받아들이고 있는 가정을 문제시해 보면 어떨까요? 우리는 정말 에너지가 부족할까? 이렇게 질문을 바꾸면, 처음부터 그냥 당연하다고 가정하고 출발한 문제 상황을 비로소 다시 한번 생각해 볼 기회가 생겨요. 에너지가 부족하게 된 것은 일단 AI와 관련된 새로운 수요가 생긴 탓이기는 해요. 하지만 에너지가 부족하게 되는 원인은 우리가 너무 에너지를 낭비하기 때문일 수도 있어요.

"AI로 일자리가 줄어들 수 있지만 새로운 일자리가 생겨날 수도 있어"

만약 인류가 일상에서 쓰는 에너지를 지금보다 훨씬 더 효율적으로 쓰고 낭비를 하지 않는다면, 그렇게 절약해서 얻어진 여유분으로 AI로 인해 생기는 추가 수요를 어느 정도는 감당할 수 있겠죠. 에너지 부족의 문제를 공급의 관점에서 보느냐 혹은 수요의 관점에서 보느냐에 따라 문제 해결 방향이 달라진 것이라고 볼 수 있어요. 물론 현실에서는 수요와 공급 두 측면 모두에서 해결책을 마련하는 것이 현명하겠죠. 사람들은 일상에서 낭비되는 에너지를 아끼고, AI 기술을 개발하는 쪽에서는 낮은 전력으로도 효과를 낼 수 있는 기술을 개발함으로써 에너지 수요를 줄이고, 공급 쪽에서도 기후 문제 등을 고려해 친환경 에너지로 공급을 늘리는 방법을 취할 수 있어요.

어떤 것이 문제라는 사실은 이제까지 쓰던 방법으로는 그 문제가 잘 해결되지 않는다는 것을 뜻해요. 새롭게 생겨나는 많은 문제에 대응하기 위해서는 새로운 시선에서 그 문제를 보려는 태도가 중요합니다. AI와 일자리 문제에 대해서도 다시 생각해 볼까요? AI가 범용 기술로 쓰이고, 그 AI가 인간만큼, 혹은 인간보다 뛰어난 성과를 낸다면 일자리는 줄 가능성이 커요. 그런데 이 일자리 문제를 우리는 어떤 관점에서 보고 있을까요? 혹시 지금 우리의 삶의 방식이 그대로 유지된다고 가정하면서 일자리 문제를 보고 있는 것은 아닐까요? 일하는 시간을 과거와 똑같이 생각하면서요.

예전에는 누군가 어느 곳에 여행을 다녀와서 그 경험담을 이야기해 줄 때 사람들은 그 이야기가 무척 신기하고 재미있다고 여겼어요. 이제는 자신이 경험한 이야기를 전하는 직업이 생겼어요. 여행 유튜버나 새로운 제품이나 음식을 소개하는 콘텐츠 크리에이터는 과거에는 전혀 생각할 수 없는 직업이었어요. 과거에는 그저 누군가의 경험담이었을 뿐인데, 지금은 그 체험을 전해 주는 일이 직업이 된 것이죠.

문제를 새로운 시선과 관점에서 다르게 정의해 보는 것, 그것은 새로운 길을 열어 줄 수도 있어요. 그 새로움을 가리켜 우리는 창의성이라고 말하죠. 이때 창의성은 나의 시선을 얽매고 있는, 내가 당연하게 여기는 것들이나 아무 생각 없이 받아들이는 가정들을 의심해 보는 것으로부터 시작해요.

이상과 현실의 격차를 줄이려면?

쥐들이 자기들을 괴롭히는 고양이 문제를 해결하자고 모였어요. 누군가 고양이 목에 방울을 달자는 아이디어를 냅니다. 고양이가 나타날 때 소리가 나면 모두 피할 수 있으니까요. 하지만 거기 모인 쥐 중에 고양이 목에 방울을 달 수 있는 쥐는 없었죠. 목표와 현실 사이의 거리를 잘 파악하는 일은 문제를 해결하기 위한 중요한 조건이에요.

앞서 우리는 문제를 해결하는 것이 어떤 이상적인 상태에 도달하는 것이라고 했어요. 그런 관점에서 보면 현재 우리가 부딪치고 있는 어려움은 그 문제가 해결된 이상적인 상태로부터 떨어져 있는 거리로 판단해 볼 수 있어요. 그 거리가 가깝다면 비교적 쉽게 문제를 해결할 수 있지만, 그 거리가 멀다면 문제를 해결하는 일은 훨씬 어려울 거예요. 따라서 이상적인 상태와 현재 사이의 거리를 잘 측정하는 것은 문제 해결에 있어 중요한 선행 작업이라고 할 수 있어요.

물론 이상과 현실 사이의 거리를 자로 재듯이 정확히 측정할 수 있는 것은 아니지만, 각종 통계자료는 바로 그런 거리를 측정하기 위한 보조 자료가 될 수 있어요. 앞서 말한 잘 사는 나라를 판단하는 기준을 생각해 보죠. 잘 사는 나라를 모든 국민이 잘 사는 나라라고 생각한다면, 소득 격차를 줄이는 것이 사회적 과제가 될 겁니다. 이때 각종 통계자료가 그 격차를 줄이기 위한 지표가 될 수 있어요. 이런 지표들을 근거로 정책을 수립하고, 정책 수행의 결과로 격차가 줄어드는 것이 확인될 때 우리는 문제가 해결되어 간다고 판단할 수 있어요.

이런 점에서 이상과 현실 사이의 격차를 그저 막연하게 생각하는 것과 구체적이고 객관적으로 파악하려는 태도 사이에는 큰 차이가 있어요. 상황을 판단하는 자료가 구체적이고 객관적일수록 문제 해결을 위한 생각들도 구체적이고 객관적일 수 있거든요. 모두가 행복한 세상이라는 이상과 그렇지 못한 현실 사이의 차이를 좁히는 일보다는, 국민 총소득 5,000만 원과 중위 소득 2,800만 원 사이의 격차를 좁히는 일이 구체적인 계획을 세우기 쉽겠죠.

"공부를 잘하겠다는 목표와 평균 점수를 20점 더 올리겠다는 목표의 차이"

개인적인 문제 해결에서도 비슷하게 생각할 수 있어요. 그저 막연히 공부를 잘해야겠다고 결심하는 것은 이상과 현실 사이의 차이를 가늠하기 어렵게 만들어요. 반면 현재 내 평균 점수가 70점인데 그 점수를 90점까지 올리겠다고 목표를 세우게 되면 생각이 훨씬 더 구체적으로 변하겠죠.

훌륭한 사람이나 성공한 사람이 되고 싶다는 목표라면 어떨까요? 그것 역시 하나의 이상적인 상태지만 좀 막연한 목표예요.

훌륭한 사람이나 성공한 사람이라고 판단할 수 있는 구체적인 기준들을 세우고 그 기준과 지금의 내 현실 사이의 거리를 가늠해 본다면, 내가 어떻게 변화해야 하는지 생각하기가 쉬워질 겁니다.

이상과 현실 사이의 격차를 잘 파악한 사람에게는 이제 단계별 목표를 세우는 일이 중요해요. 이제 막 걸음마를 시작했는데 달릴 수는 없는 것처럼, 이상과 현실 사이의 격차가 클수록 단번에 문제를 해결하기는 어렵습니다. 차근차근 계획을 세워서 그 격차를 좁혀 가야 하죠. 단계별 목표를 잘 설정하는 것이 중요한 이유는 최종적으로 도달해야 하는 목표와 현실 사이의 거리가 너무 크다고 생각되면 지레 포기할 가능성이 커서예요. '고양이 목에 방울 달기' 우화처럼 아무리 문제 해결의 아이디어가 좋아도 도달할 수 없는 목표라면 현실성이 없어요. 따라서 최종적인 목표를 정확히 규정하고, 그 목표에 도달하기 위해 단계별로 세부 목표를 잘 설계하는 것은 실행력을 높이는 데 아주 중요해요.

또 하나 기억해야 하는 것은 내가 목표로 삼은 이상적인 상태를 어떻게 서술할 것인가의 문제예요. 목표를 구체적으로 서술한다는 것은 문제가 해결된 상태를 어떻게 이해하느냐와 관련이 있어요. 인류의 오랜 꿈이었던 '하늘을 나는 것'에 관해 생각해 볼까요? 여기에서 '하늘을 나는 것'이 하나의 과제이자 문제이고, 실제로 '하늘을 날게 되는 상태'가 문제가 해결된 이상적인 상태라고 할 수 있어요. 이것을 어떻게 기술할 수 있을까요? '하늘을 난다'

는 말은 그 상태를 어떻게 기술하느냐에 따라 실현 불가능한 꿈일 수도 있고 가능한 꿈일 수도 있어요.

하늘을 나는 인간이라고 할 때 그 목표 상태는 인간 자신이 마치 새처럼 하늘을 나는 것일까요? 아니면 다른 도구를 이용해서 하늘을 나는 것일까요? 만약 인간의 몸이 새처럼 변해 하늘을 나는 것이라면 현재로서는 불가능한 꿈이겠죠. 반면 도구를 이용해서 나는 것이라면 이미 인간은 비행기를 이용해 하늘을 날고 있어요. 목표를 어떻게 서술하느냐에 따라 문제 해결의 방향이 달라질 수 있어요. 목표를 새롭게 서술하는 능력은 또한 인간의 창의성과 관련이 있어요.

5장

비판적 사고와 창의성

누가 창의적일까?

1891년 오토 릴리엔탈이라는 사람이 독일 동쪽에 있는 데르비초라는 지역에서 처음으로 하늘을 납니다. 하늘을 나는 것은 인류의 오랜, 그러나 불가능하다고 생각한 꿈이었는데 드디어 하늘을 나는 사람이 나타난 거예요. 어떻게 이런 일이 가능했을까요?

릴리엔탈은 '날개가 없다면, 날개 역할을 하는 것을 이용하면 된다!'고 생각을 바꿔요. 아마도 수많은 사람이 새가 하늘을 나는 모습을 보았을 거예요. 힘찬 날갯짓으로 하늘을 나는 새를 보면서 나도 날고 싶다는 생각을 하지만, 그런 날개가 없으므로 날 수 없다는 것은 너무 당연한 믿음이었죠. 릴리엔탈은 그 당연한 믿음을 의심한 것이라고 할 수 있어요. 그리고 그 의심이 세렌디피티, 즉 고정관념으로부터 해방되어 새로운 가능성을 만날 수 있는 순간을 선물하죠. 릴리엔탈은 백조처럼 큰 날개를 가진 새들이 활강 비행하는 것을 주의 깊게 관찰해서 마침내 글라이더의 아이디어를 얻어요. 주의 깊은 관찰은 창의적인 사람들에게 공통적으로 나타나는 특징이기도 합니다. 날개가 없으므로 날 수 없다고 생각하는 사람들은 날갯짓 없이도 하늘을 나는 백조를 보고서도 별다른 생각을 하지 않았던 거예요.

물론 릴리엔탈의 글라이더는 높은 곳에 올라가서야 비로소 날 수 있으므로 새가 하늘을 나는 것과는 사뭇 다르긴 해요. 하지만 이렇게 한 사람이 가능성의 길을 열자 새로운 시도들이 뒤를

잇게 되죠. 릴리엔탈이 비행에 성공했다는 뉴스는 대서양 건너 미국 땅에 있는 새로운 도전자들을 자극하게 돼요. 라이트 형제가 1903년 인류 최초로 엔진을 단 비행기를 만드는 데 성공해요. 라이트 형제는 날갯짓 대신, 큰 날개를 단 엔진이라는 새로운 방법으로 하늘을 날 수 있는 꿈을 실현합니다.

사실 릴리엔탈과 라이트 형제의 성공에는 수많은 실패담이 있어요. 그 실패들은 각각 무엇이 문제인지를 보여 주는 지표들이라고 할 수 있어요. 목표에 도달하기 위한 과정에서 겪는 실패들은 목표에 도달하기 위해 극복해야 하는 작은 도전 과제들이었지요. 실패는 문제를 다시 정의하게 하는 역할을 해요. 라이트 형제의 첫 비행기였던 플라이어 1호는 사실 12초밖에 날지 못했어요. 땅에서 이륙했다는 점에서는 성공이었지만 12초밖에 날지 못했다면 하늘을 난다고 말하기 어렵죠. 그래서 다시 도전해야 하는 문제가 생겼어요. 이륙은 성공했으니, 어떻게 하면 비행 시간을 늘릴 것인가? 그다음에는 어떻게 하면 방향 전환을 할 것인가? 각각의 단계마다 새로운 도전 과제를 설정하고, 그 과제들을 하나씩 극복해 나감으로써 최종적인 목표 상태에 다가갔던 겁니다.

"케이크를 나누는 사람이 맨 마지막 조각을 먹게 하라"

물론 창의성이라는 것이 인류 역사에 기록될 만한 위대한 발명에만 해당하는 이야기는 아니에요. 치즈 케이크를 나누는 방법도 그 대상이 될 수 있어요. 가령 친구들이 함께 맛있는 치즈 케이크를 먹기로 했다고 해 보죠. 케이크가 작아 똑같이 나누기도 어려운 상황이에요. 게다가 모두 자기가 조금 더 먹었으면 좋겠다고 생각하고 있죠. 어떻게 하면 공평하게 케이크를 나누어 먹을 수 있을까요? 한 사람을 뽑아 칼을 주고, "똑같은 크기로 나누라!"고 해야 하겠지만, 나누는 사람은 자기 몫과 자기가 좋아하는 친구의 몫은 조금 더 크게 자를지도 몰라요.

존 롤스라는 미국의 정치 철학자는 이 유명한 문제에 대해 이렇게 답해요. "케이크를 분배하는 사람이 다른 사람들이 선택하고 남은 맨 마지막 것을 먹게 하면 된다!" 일상의 일들도 창의적인 해법이 필요한 경우가 많죠. 그때 창의성은 우회로를 찾는 능력이라고 말할 수 있어요. 하늘을 날고 싶으나 날개가 없는 것처럼, 또 작은 케이크를 나누어 먹어야 할 사람이 너무 많아 똑같이 나누기 어려울 때처럼, 최종적인 목표로 가는 길이 막혀 있을 때, 그 우회로를 보는 눈이 있는 사람이 바로 창의적인 사람이라고 할 수 있어요.

창의성은 타고나는 걸까?

진공
대기압력
수은압력
수은그릇
공기에도 무게가 있어.
그 옛날에 어떻게 그런 생각을?!
토리첼리

창의성은 타고나는 걸까요? 교육을 통해서 창의성은 길러질 수 있을까요? 만약 창의성이 타고난 천재들에게만 있는 능력이라면 아무리 교육을 한다 해도 천재가 아닌 이상 창의성을 기르기는 어려운 일이 될 거예요.

창의적인 사람들의 특징은 다른 사람들은 미처 보지 못한 것들을 볼 수 있다는 거예요. 오랫동안 창의성은 천재적 재능으로 여겨지곤 했어요. 다르게 사고하는 것이 비범하다고 여겨졌기 때문이죠. 그래서 교육을 통해 창의성이 길러지는 것은 아니라고 생각하는 사람도 많았어요. 하지만 창의성을 오직 세상을 바꿀 정도의 커다란 발견이나 발명을 하는 능력이라고 생각하는 것은 창의성을 너무 좁게 해석하는 거예요. 도리어 일상에서 부딪치는 수많은 문제를 해결하는 것 자체를 창의성이라고 보는 편이 옳아요. 창의성을 발휘한다는 것도 결국은 어떤 문제를 해결하는 과정이니까요. 다만 이제까지와는 다른 문제 해결 방식을 썼다고 말할 수 있어요. "어떻게 하면 이전과는 다른 방식으로 볼 수 있을까"라는 새로운 질문을 던져서 말이죠.

일단 창의성이 작동하기 위해서는 이제까지 어떤 방법으로 문제를 해결해 왔는지를 잘 알아야 해요. 그래야 기존 방법과는 다른 방법을 선택할 수 있겠죠. 두 번째는 문제와 관련된 여러 조건 중 어느 것에 변화를 줄 수 있는지 분석해 봐야 해요. 세 번째는 별로 관련이 없어 보이는 것들을 지금의 문제에 연결해서 생각해 보는 것이죠.

근대 과학의 발전에 가장 큰 공을 세운 갈릴레이도 문제의 답을 찾지 못해 곤란한 적이 있었어요. 그 문제는 깊이가 10m가 넘는 깊은 우물에서는 왜 물을 끌어 올리지 못하는가였어요. 지금이야 전기로 큰 힘을 발휘하는 펌프가 있지만, 16세기에는 그런 기술이 없었죠. 물을 끌어 올리기 위해 수동식 펌프를 썼는데 깊이가 10m가 넘으면 그 펌프가 물을 끌어 올리지 못했어요. 지동설이 맞다는 것을 증명하고, 직접 만든 망원경으로 달을 관찰하기도 했던 갈릴레이였지만 왜 펌프가 물을 끌어 올리지 못하는지는 알 수 없었어요. 갈릴레오는 이 문제를 풀지 못하고 죽고 말았습니다.

“공기에 무게가 있다고 생각하면 문제가 풀린다”

여러 사람이 이 문제에 도전했고, 마침내 갈릴레오의 제자인 토리첼리가 답을 찾아내요. 답은 바로 공기의 압력이었어요. 공기에도 무게가 있어 우리를 누르고 있다는 거죠. 사실 당시 사람들은 공기에 무게가 있다는 말을 받아들이기 어려웠어요. 토리첼리 전에도 공기가 사물의 원소이기 때문에 그 원소는 어떻게든 무게를 가질 것이라고 생각한 사람은 있었어요. 하지만 사람들은 손에

잡히지도 않고, 보이지도 않는 공기가 무게를 갖고 있다는 것을 상상할 수 없었어요. 이 당연한 생각이 그 문제를 풀지 못하게 가로막고 있었던 것이죠.

하지만 토리첼리는 그 당연한 생각을 의심하고, 공기에 무게가 있다고 생각하면 모든 것이 풀린다는 것을 알았어요. 이제 새로운 문제는 어떻게 하면 공기의 무게를 재 볼 수 있을까였죠. 이때 토리첼리를 도와준 것은 수은이었어요. 수은은 중세 시대부터 연금술사들이 많이 사용하던 재료였어요. 그때까지 알려진 것은 수은이 물보다 무거운 액체 상태의 금속이고, 그 비중은 물에 비교해 약 14배나 크다는 사실이었어요. 토리첼리는 바로 이 수은을 이용해 실험을 구상해 냈어요.

1643년 약 1m 높이의 유리관을 만들어 거기에 수은을 가득 채운 뒤, 수은이 든 다른 그릇에 그 관을 수직으로 세워 놓았더니 76cm까지 수은이 내려오다 멈췄어요. 이 실험을 통해 수은이 다 흘러내리지 않은 것은, 다른 그릇의 수은을 공기가 누르기 때문이라는 것을 증명한 것이에요. 또 바로 이 기압 때문에 10m가 넘어가는 우물에서 물을 끌어 올릴 수 없다고 답을 할 수 있었죠. 게다가 유리관에서 수은이 내려가 생긴 약 24cm의 빈 공간이 바로 진공이라고 해석할 수도 있었어요.

토리첼리는 자신의 가설을 입증하기 위해 그때까지 알려진 온갖 자료들을 조사해 봤어요. 그리고 사람들이 너무 당연하다고 생각한 것, '공기에 무게가 있다고? 하다못해 연기도 하늘로 올라가는데 무게가 있다면 어떻게 하늘로 올라가겠어?'라고 어떤 의심도 하지 않았던 당연한 가정을 흔들어 보죠. 그리고 그 생각을 입증할 방법을 찾았던 겁니다. 그렇게 입증하지 않았다면 공기에 무게가 있다는 말을 사람들은 믿지 않았을 거예요. 토리첼리의 탁월함은 문제가 된 물을 가지고 씨름한 것이 아니라 물이 아닌 다른 재료를 이용했다는 점에 있어요.

비판적 사고의 장점은 우리를 옭아매고 있는 생각의 족쇄를 풀어내는 데 있어요. 다르게 보려면 기존에 내가 보고 있는 방식을 흔들어야만 가능하죠. 그것은 마치 습관처럼 아무 생각 없이 자동으로 작동하는 관점이에요. 이렇게 자동으로 생각하는 방식을 흔들려면, 내가 무의식적으로 전제하고 있는 것들이 무엇이 있는지, 자기 자신을 성찰할 수 있어야 해요. 그 자기 성찰이 우리의 생각을 자유롭게 해요.

만약 우리가 앞으로 점점 더 AI를 많이 쓰고 의존하기 시작하면, AI가 내놓은 생각들을 무의식적으로 수용하는 일들이 늘어날 거예요. AI를 잘 쓰는 사람이라면, 이 문제와 관련해서 이제까지 어떤 생각들이 있었는지를 조사해 달라고 하겠죠. AI는 자료조사에 있어서는 우리보다 훨씬 더 효율적이니까요. 그렇게 조사된 자료를 검토하면서 새롭게 문제를 정의하거나 새로운 해법을 찾아내기 위해 어떤 것들을 변화시켜 볼 수 있는지를 생각해 볼 수 있어요. 인간과 AI가 협업하는 하나의 모델이라고 볼 수 있을 거예요.

그렇다면 이제까지 그 누구도 겪어 보지 못한 새로운 문제들에 대해서는 어떨까요? 이럴 때는 과거의 해법도 없어서 변화시켜 볼 가정도 없을 거예요. AI의 등장으로 인해 우리 사회가 어떻게 변할지도 그런 종류의 문제에요. 이렇게 완전히 새로운 문제에 대해서는 어떻게 대처할 수 있을까요?

24

잘 놀아야 한다고?

놀이는 재미있게 시간을 보내기 위한 것이지만 중요한 학습의 시간이 될 수 있어요. 놀이를 통해 우리는 무엇을 배울 수 있을까요? 바로 상상력이에요. 그런 점에서 보면 우리의 상상력을 자극하는 놀이야말로 좋은 놀이라고 할 수 있어요.

네덜란드의 문명사가이자 철학자인 하위징아는 인간을 놀이하는 존재라고 규정했어요. '호모 루덴스'라는 말로 유명하죠. 그는 인간을 생각하는 존재(호모 사피엔스)나 도구를 만드는 존재(호모 파베르)로 규정하는 생각에서 벗어나, 인간의 본성을 놀이하는 존재로 다시 설명하고자 했어요. 하위징아는 왜 놀이하는 것을 중요하게 여겼을까요? 놀이는 재미를 추구하지만, 놀이를 통해 우리는 세상살이에는 규칙이 있다는 것을 배우기도 해요. 어떤 놀이든 규칙이 있으니까요.

그런데 창의성을 키우는 데 놀이는 어떤 도움을 줄까요? 놀이는 우리를 현실에서 벗어나 새로운 장소로 안내해요. 지금이야 주로 컴퓨터나 스마트폰으로 게임을 즐기지만, 컴퓨터가 나오기 전에도 소꿉놀이 같은 역할 놀이나 땅따먹기 같은 게임을 했어요. 이런 놀이에서 사용되는 도구는 원칙적으로 무엇이든 상관없어요. 작은 돌멩이가 사람을 대신하기도 하고, 모래를 밥이라고 정하기도 하고, 바닥에 선을 그어 놓고 여기는 우리 집이라고 부르기도 하죠. 이런 놀이 과정에서 우리는 실제 현실과 다르게 사물에 의미 부여를 하고, 게임의 재미를 위해 새로운 규칙들을 만들어 내기도 합니다. 이런 자발적 행위들은 실제 우리 눈앞의 현실이라는 구속에서 우리의 생각을 풀어내 새로운 세계로 인도해요.

작은 돌멩이나 나무 조각이 사람일 수는 없죠. 그것은 사실이 아니니까요. 하지만 놀이하는 시선에서는 돌멩이와 나무 조각이 무엇이든 될 수 있어요. 이 상상력이 사물을 있는 그대로가 아니라 다르게 볼 수 있는 자유를 우리에게 줘요. 놀이 속에서 우리는 우리의 시선을 자유롭게 바꿀 수 있어요. 현실이라면 불가능한 일이지만 상상 속에서는 무엇이든 될 수 있으니까요. 이 자유로운 변경은 인간 지성이 가진 독특한 능력이에요. 그래서 창의성이 발휘되기 위해서는 놀이를 잘 할 수 있어야 한다고 말할 수 있어요. 놀이를 통해 상상력이 커지고, 그 상상력이 다시 우리의 창의적인 시선을 자극하니까요.

유쾌하거나 스트레스가 없을 때 창의적인 생각이 더 잘 떠올라

놀이가 갖는 또 하나의 장점은 그때그때 놀이에서 부여된 역할을 통해 각자의 입장이 달라지는 것을 체험한다는 점이에요. 그것은 대상에 의미를 자유롭게 부여하는 것과 비슷하게 자신의 입장이 고정된 것이 아니라 변할 수 있다는 것을 뜻해요. 같은 놀이라도 술래가 될 수도 있고, 때로는 공격자가 되기도 하고, 또 때로는 수비하는 역할을 할 수도 있어요. 이렇게 역할이 바뀐다는 것은 상황을 보는 관점을 바꿔야 한다는 것을 뜻해요. 이런 과정에서 문제를 이런 관점에서도 보고, 저런 관점에서도 보는 태도의 변화를 연습하게 되죠.

그런데 자유로운 상상력을 통해 창의적으로 문제를 해결하는 것과 현실을 정확히 파악해야 문제를 잘 해결할 수 있다는 이야기는 서로 충돌하는 것처럼 보일 수 있어요. 문제를 해결하기 위해서는 현실을 정확하게 파악하는 것이 중요한데, 자유로운 상상력은 그 현실의 족쇄로부터 풀려나려고 하는 힘이니까요. 따라서 문제를 잘 해결하기 위해서는 서로 다른 방향으로 작용하는 힘을 조화롭게 만드는 것이 중요하다고 할 수 있어요.

다른 한편으로 이것은 우리가 왜 공동체 속에서 서로 협력해야 하는지를 설명해 줘요. 생각이 다른 사람들이 서로 협력한다는 것은 현실을 정확히 파악하려는 노력과 그런 현실에 다른 의미를 부여하려는 노력이 조화를 이룬다는 것이고, 그것은 곧 높은 문제 해결력을 가진 공동체가 된다는 뜻이니까요.

창의적인 문제 해결력과 놀이 사이의 관계를 보여 주는 흥미로운 심리학 실험도 있어요. 칼 던커의 양초 문제인데, 초와 압정이 담긴 종이 박스, 그리고 성냥을 주고 초를 나무로 만든 벽에 붙여 촛불을 켜되 촛농은 바닥에 떨어지지 않아야 한다는 것이에요. 어떻게 해야 할까요?

"기능적 고착에 빠진 사람은 창의적인 생각을 하기 어려워"

하나의 답은 종이로 된 압정 박스를 나무 벽에 압정으로 고정하고, 그 박스 안에 초를 세워 불을 붙이는 거예요. 이 문제를 통해 던커는 기능적 고착이라는 인간의 심리를 설명해요. 실험 참여자들에게 이 문제를 풀게 했을 때, 기능적 고착이 심한 사람은 압정이 담긴 박스를 압정을 담는 도구로만 생각하지, 초의 받침대로 쓸 수 있다는 생각을 잘 떠올리지 못했어요. 그에 반해 창의적인 사람은 고정관념에서 벗어나서 압정을 담는 박스를 초의 받침대로 쓸 수 있다는 생각을 하죠.

이 양초 문제와 관련한 여러 흥미로운 버전의 실험도 있어요. 한 그룹에게는 어려운 수학 문제를 풀게 하고, 다른 그룹에게는 코미디 영화를 보여 준 뒤 문제를 풀게 했어요. 어느 그룹이 문제를 더 잘 풀었을까요? 코미디 영화를 보고 난 뒤 문제를 푼 그룹의 성적이 더 좋았어요. 이것은 유쾌할 때 창의적인 생각이 더 잘 떠오른다는 것을 뜻해요. 또 글룩스버그라는 사람은 압정을 압정 박스 밖에 꺼내 놓았을 때와 박스 안에 담아 놓았을 때를 구분한 상태에서 한 그룹에게는 일찍 문제를 푸는 사람에게는 상금을 주는 경쟁을 하게 하고, 다른 그룹에게는 상금에 관한 이야기를 하지 않고 각각 문제를 풀게 했어요. 얼핏 생각하면 상금이 걸렸을 때 더 좋은 성적이 나왔을 것 같지만, 결과는 달랐어요. 오히려 경쟁이 없는 쪽이 문제 풀이에 성공한 사람이 많았죠. 과도한 경쟁은 오히려 성과를 떨어뜨린다고 할 수 있어요.

코미디 영화를 본 것처럼 유쾌한 마음으로 도전할 때, 또 과도한 경쟁이라는 스트레스가 없을 때 우리의 창의성이 더 잘 발휘된다고 할 수 있어요. 창의성의 핵심은 생각을 유연하게 하는 것인데, 놀이할 때의 개방적인 마음이 창의성을 잘 발휘하게 하는 것이죠.

식탁을 뜯어 먹는다고?

누군가 나에게 식탁을 뜯어 먹으라고 하면 어떻게 해야 할까요? 말과 생각은 우리의 눈을 지배하는 안경과 같아요. 생각을 바꾸면 보이는 것이 달라지죠. 그래서 때로는 보이지 않는 것도 볼 수 있게 해 줘요.

창의적인 사람들은 남들은 잘 보지 못하는 것들을 봅니다. 다른 사람의 눈에는 별 의미 없어 보이는 것에서 새로운 의미를 읽어 내죠. 스위스 사람 조르주 드 메스트랄은 옷에 달라붙은 풀씨를 떼어 내는 일에서 새로운 접착 도구를 생각해 내요. 우리가 흔히 찍찍이, 혹은 벨크로라고 부르는 테이프예요. 우산을 말아 둘 때 쓰기도 하고, 가방이나 옷에 쓰이기도 하죠. 풀씨들이 작은 갈고리 모양으로 생겨서 잘 떨어지지 않는다는 데서 새로운 쓰임새를 본 거예요.

무엇을 새로이 만들어 내는 발명이나, 남들은 보지 못했던 것을 볼 수 있는 능력은 생각을 유연하게 할 때 잘 발휘돼요. 어떻게 해야 생각을 유연하게 할 수 있을까요? 인간 지성의 독특한 능력은 우리가 놀이할 때처럼 자신의 눈앞에 주어진 현실을 부정할 수 있다는 것이에요. 그런데 눈앞에 뻔히 보이는 걸 어떻게 부정할 수 있을까요? 당장 고개를 들어 하늘을 보면, 해가 동쪽에서 떠서 서쪽으로 지는 게 보이죠. 해가 움직이지, 땅이 움직이지는 않아요. 우리의 경험은 분명 태양이 움직인다는 것, 천동설이 옳다고 증언하고 있어요.

하지만 코페르니쿠스와 갈릴레이는 반대로 생각했어요. 태양은 가만히 있고 지구가 움직인다고 생각한 거죠. 그래도 결과적으로는 태양이 움직이는 것처럼 보일 수 있다는 걸 알았거든요. 실제로 기차를 타고 있을 때, 내가 탄 차는 가만히 있고 옆의 차가 움직이고 있지만 내가 탄 차가 움직인다고 착각할 때가 있는 것처럼 말이죠.

근대과학의 시작을 알린 두 사람은 너무나도 명백해 보이는 감각적 경험을 부정해 보았던 거예요. 눈앞에 놓인 생생한 현실을 부정하기란 쉽지 않겠죠. 그래서 수천 년 동안 인류는 하늘이 움직이고 땅은 가만히 있는다는 생각을 버리지 못했어요. 하지만 코페르니쿠스가 생각을 완전히 바꾼 것은 태양이 움직인다고 생각할 때 너무나 복잡하게 설명해야 했던 문제가 지구가 움직인다는 생각으로 바꾸고 나자 너무 쉽게 설명된다는 것을 알았기 때문이에요. 어렵고 복잡한 문제를 해결하는 과정에서 너무나 당연해 보이는 생각을 송두리째 바꾼 것이죠.

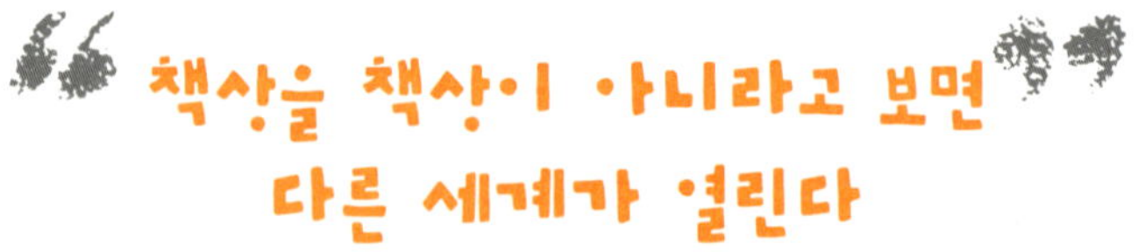

이런 발상의 전환은 어떤 것이 우리에게 주어졌을 때 그것 이

외의 것, 다시 말해 여집합을 생각할 수 있는 인간 지성의 능력 덕에 가능하죠. '그것'이 주어졌을 때, '그것 아닌 것'을 생각해 보는 힘은 우리에게 가능성의 세계라는 훨씬 더 큰 세계를 생각할 수 있게 해 줘요. 책상이 내 눈앞에 있을 때, 책상을 보면 그저 책상일 뿐이죠. 그런데 그걸 책상이 아닌 것으로 보면 어떨까요? 어떤 것(A라고 하면)의 여집합(A^c)은 문제가 되는 그것(A)을 제외한 모든 것을 포함해요. 다소 공허하고 관념적이기는 하지만 거의 무한한 가능성의 세계라고 할 수 있죠.

이 가능성의 세계에서 우리의 생각은 훨씬 더 자유롭고 유연해질 수 있어요. 그리스 신화에 나오는 아이네이아스는 트로이군의 장수이자 미의 여신 아프로디테의 아들이기도 했죠. 트로이 전쟁에서 트로이가 패망하던 날, 아프로디테는 사랑하는 아들의 비참한 최후를 걱정해서 서둘러 피신하라고 일러 줍니다. 아이네이아스는 늙은 아버지와 식솔들, 그리고 자신을 따르는 부하들을 데리고 트로이를 떠나 방랑길에 오르죠. 그런 방랑 중에 신탁을 받아요. 신탁의 내용은 "네가 식탁을 뜯어 먹는 자리에 정착하면 천년 왕국을 이루리라!"였어요. '식탁을 뜯어 먹다니' 도대체 그 말뜻이 무엇일까요? 아이네이아스는 물론이고, 그 누구도 신의 뜻이 무엇인지 알지 못했죠.

그렇게 방랑을 이어가던 어느 날, 한 마을에 이르게 된 아이네이아스는 촌장에게 잠시 쉬어 가게 해 달라고 청을 넣어요. 그의 훌륭함을 알아본 촌장은 커다란 빵에 양젖으로 만든 치즈를 잔뜩 얹어서 대접하죠. 배가 고팠던 아이네이아스와 부하들은 치즈도 먹고 빵도 뜯어 먹으면서 휴식을 취했어요. 그 순간 아이네이아스는 신탁의 의미를 깨달아요. 치즈를 얹었던 그 빵이 바로 식탁이며 자신이 식탁을 뜯어 먹고 있다는 생각에 이른 거죠. 아이네이아스는 바로 그 자리에 정착하기로 하고, 그 후손들이 로마를 세웠다고 해요.

식탁은 우리가 알고 있는 대로 음식을 올려놓는 도구예요. 아이네이아스는 치즈를 올려놓은 빵에서 식탁의 기능을 본 것이죠. 만약 아이네이아스가 우리가 알고 있는 그 식탁만을 생각했다면 결코 자신이 식탁을 뜯어먹는 모습을 상상할 수 없었을 거예요. 음식을 올려놓을 수 있는 기능만 있다면, 무엇이든 식탁이 될 수 있죠. 우리가 알고 있는 전형적인 식탁의 모습을 부정함으로써 무엇이든 식탁이 될 수 있다는 깨달음이 생긴 것이라고 할 수 있어요. 이때 주목할 점은 그 무한한 가능성의 세계에서 다시 무엇에 주목해야 하는가예요. 아이네이아스는 현실적인 식탁의 모습을 부정했지만 '식탁의 기능'에 주목했죠. 그 기능은 식탁을 무엇으로 만들든지 상관없이 공통된 것이었어요.

외국어를 전혀 모르는 사람이 가르칠 수 있을까?

블라블라
뭐래?

일본어를 전혀 모르는 한국 사람이 일본에 가서, 한국어를 전혀 모르는 일본 사람들에게 한국어를 가르칠 수 있을까요? 그는 훌륭한 선생님이 될 수 있을까요? 답은 '가능하다!'예요.

1818년 벨기에 루뱅 대학에서 한 명의 외국인이 프랑스어를 가르쳤습니다. 그 강사의 이름은 조제프 자코토. 프랑스 사람이었던 그는 네덜란드어를 하나도 몰랐어요. 벨기에는 네덜란드어를 쓰기도 하고 프랑스어와 독일어를 쓰기도 하죠. 그런데 수강생들은 프랑스어를 전혀 몰랐어요. 프랑스어는 모르고 네덜란드어를 쓰는 학생들에게, 네덜란드어는 하나도 모르는 프랑스 선생님이 과연 프랑스어를 가르칠 수 있을까요? 자코토는 반쯤은 포기한 심정으로 프랑스어 작품을 네덜란드어로 번역한 책 한 권(프랑스어 옆에 네덜란드어로 번역한 대역본)을 학생들에게 주고 알아서 공부하라고 합니다. 결과는 놀라웠어요. 강의가 끝날 때쯤 학생들이 프랑스어를 하기 시작한 거예요. 프랑스어로 글도 잘 썼죠. 이 일은 누구도 예상하지 못했던 경험이었어요.

자코토가 한 일이라고는 숙제를 내 주고, 학생들이 해 온 숙제를 고쳐 준 것밖에 없었어요. 그는 좋은 수업이란 선생님의 지식을 학생들에게 잘 전달하는 것이라는 아주 오래된 전통을 철석같이 믿었던 사람이었어요. 따라서 훌륭한 선생님이란 수업 내용에 대해 전문적인 지식이 있고, 학생들과도 소통을 잘하는 사람이어야겠죠. 그런데 말도 통하지 않는 학생들에게 외국어를 가르치면서 그 효과를 기대하기 어려운 것은 당연하지 않겠어요? 하지만 아무것도 모르던 학생들이 '스스로' 공부해서 놀라운 성과를 냈으니 훌륭한 선생님에 대한 자코토의 생각이 무너져 버렸죠.

이 성공 경험은 자코토를 루뱅 대학에서 단박에 유명 인사로 만들어 버려요. 그의 교육 방법이 화제가 되어 자코토는 자기가 잘 모르는 분야에 대해서도 강의를 하게 됐고요. 물론 가르치는 방식은 프랑스어 수업과 같았어요. 교사가 가르쳐야 할 과목의 내용에 대해 잘 몰라도 적절한 교재를 선택한 뒤 공부는 학생들 스스로 하는 방법으로요.

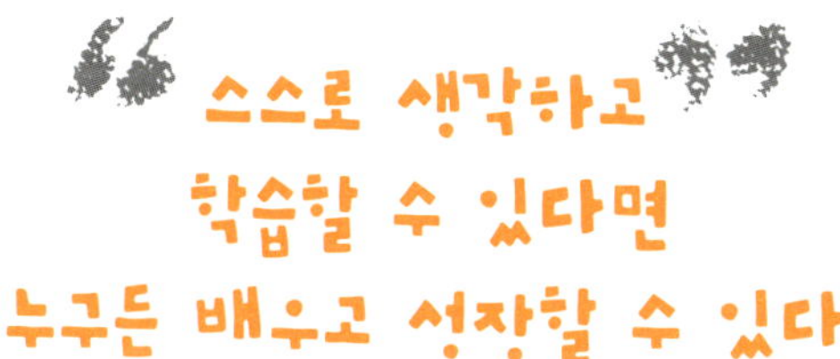

사실 이 방법은 우리가 모두 경험해 본 일이기는 해요. 우리는 모두 한국어를 유창하게 하죠. 그 까닭이 초등학교에서 국어를 잘 배웠기 때문일까요? 엄마 아빠가 한국어 문법과 어떻게 글을 써야 하는지를 잘 아는 선생님이었나요? 엄마 뱃속에서 나왔을 때, 한국어는 우리 모두에게 그저 외국어나 마찬가지였어요. 우리는 처음에 엄마 아빠의 말을 이해하지도 못하고 따라 하고 흉내를 내면서 배웠을 뿐이에요. 한국어에 대한 지식이 많은 한국어 선생님이 계셨던 것이 아니라 우리 스스로 모방과 도전을 통해 한국어를 혼자서 익혔던 것이죠.

자코토의 경험은 교육이란 무엇인가에 대한 생각을 다시 하게 만들어요. 교육은 많은 것을 알고 있는 교사가 앎이 부족한 학생을 가르치는 일이라고 생각하기 쉬워요. 하지만 자코토의 경험은 아무것도 모르는 교사가 마찬가지로 아무것도 모르는 학생을 가르칠 수 있다는 것을 보여 주죠. 교육에 대한 고정관념은 교육을 바라보는 우리의 시야를 매우 좁게 만들어요. 시야가 좁아지면 안 보이는 것들이 생기기 마련이에요.

우리가 당연하게 생각하는 것들은 세상을 경험할 때 가이드 역할을 할 때가 많아요. 대부분 따라만 하면 되기 때문에 편리하지만 새로운 생각으로 나아가는 것을 막기도 해요. 자코토의 경험은 그런 사정을 생생하게 보여 주지요. 루뱅 대학에서의 경험은 자코토에게 전혀 예상하지 못한, 말하자면 세렌디피티의 순간이었어요. 자코토는 그 순간을 그저 어쩌다 일어난 우연으로 생각하지 않고, 교육에 대한 자신의 생각을 완전히 바꾸어요. 그 특별한 경험을 통해 모든 사람이 평등하다는 사실을 보다 분명하게 깨달아요. 스스로 생각하고 학습하도록 자극할 수만 있다면, 인간은 누구라도 무엇이든 배우고 성장할 수 있다는 것이죠.

14,000,605가지 미래의 의미는?

미래에도 종류가 있을까요? 살펴보자면, 가능한 미래도 있고, 불가능한 미래도 있어요. 또 우리가 원하는 미래도 있고, 우리가 피하고 싶은 미래도 있죠. 이렇게 미래를 나누어 분석해 보면 어떤 생각을 더 해 볼 수 있을까요?

세계적으로 인기를 끈 마블의 영화, 〈어벤져스: 인피니티 워〉에는 아주 흥미로운 에피소드가 나와요. 우주 최강의 빌런 타노스는 우주의 균형을 맞춘다는 명분으로, 인피니티 스톤을 모아 우주 생명체의 수를 절반으로 줄이려고 하죠. 어벤져스 군단은 그런 타노스에 맞섭니다. 그때 타노스는 아이언맨의 목숨을 대가로 닥터 스트레인지에게 인피니티 스톤 중 하나인 타임 스톤을 내놓으라고 협박해요. 닥터 스트레인지는 시간을 다루는 마법사로 타임 스톤을 지키고 있었어요. 하지만 그는 결국 타임 스톤을 타노스에게 넘깁니다. 인류의 미래가 달린 이 결정을 내리기 위해 그는 타임 스톤을 이용해 14,000,605가지의 미래를 보고 와요. 단지 아이언맨을 살리기 위해서만이 아니라 타노스와의 승부에서 이길 방법을 찾기 위해 그 많은 미래를 살핀 거예요.

닥터 스트레인지는 14,000,605가지 미래 중 오직 하나의 미래에서만 타노스를 이기는 모습을 봤다고 말해요. 우리가 그처럼 미래를 다녀올 수는 없지만 그 미래의 의미가 무엇인지를 따져 볼 수는 있지요. 비판적으로 사고하는 사람들이 흔히 사용하는 기법을 활용해서 우리의 미래를 한 번 생각해 볼까요?

이번에도 문제가 되는 대상과 관련해서 실마리가 될 만한 질문을 떠올리고 그와 관련된 내용을 잘 분석하는 것으로 시작해 보죠. 일단 영화에서 말한 14,000,605가지의 미래라는 말의 의미는 무엇일까요? 그 수는 하나의 비유라고 봐야 해요. 그 수를 소인수분해하면 2339라는 제법 큰 소수가 들어 있어 흥미롭기는 하지만 그것에 어떤 특별한 의미가 있어 보이지는 않아요. 그 수는 현재 조건을 출발점으로 했을 때 우리 앞에 무수히 많은 미래가 가능하다는 것을 상징적으로 표현한 것이에요. 바꾸어 말하면 우리가 현재 어떤 선택을 하느냐에 따라 그 많은 미래 중 하나가 우리의 진짜 미래가 될 거라는 것을 강조하는 거예요.

자연적 가능성 < 기술적 가능성 < 논리적 가능성

이때 그 무수히 많은 미래 역시 다시 분석해 볼 수 있어요. 그 미래 중에는 실제로 실현될 가능성이 조금이라도 있는 미래도 있고, 아무리 생각해도 실현 불가능한 미래도 있을 거예요. 여기서 '가능하다'는 말은 대략 세 가지로 나누어 볼 수 있어요.

먼저 자연적으로 가능한 것들이 있어요. 예를 들면 지구에서 물은 위에서 아래로 떨어지지, 아래에서 위로 올라가지는 못해요.

이것이 '자연적 가능성'이에요. 인간이 하늘을 나는 것도 자연적으로는 불가능하죠. 반면 기술을 이용하면 사정이 달라져요. 자연적으로는 불가능한 일을 기술적으로는 가능하게 할 수 있거든요. 펌프라는 기술을 이용하면 물을 위로 끌어 올리는, 자연적으로는 불가능한 일을 가능하게 하죠. 이를 '기술적 가능성'이라고 불러요.

이렇게 보면 자연적 가능성보다는 기술적 가능성이 더 큰 집합이라는 것을 알 수 있어요. 자연적으로 불가능한 것들을 가능하게 하니까요. 그렇다면 기술적 가능성보다 더 큰 집합도 생각해 볼 수 있어요. 자연적으로 불가능한 것은 물론이고 기술적으로도 불가능하지만, 논리적으로는 불가능하지 않은 것, 예를 들면 내가 10초 후에 안드로메다 성운에 있는 어떤 별에 가 있는 거예요. 지구에서 약 200만 광년 정도 떨어져 있으니까 빛의 속도로 달려가도 200만 년 이상이 걸리는 일이 10초 만에 벌어질 수는 없겠죠. 자연적으로도 불가능하고, 기술적으로도 불가능해요. 아인슈타인의 상대성 이론에 따르자면 빛보다 빨리 달릴 수는 없으니까요. 하지만 그런 상상이 논리적으로 불가능하지는 않기에 논리적 가능성의 집합이 가장 큰 집합이라는 것을 알 수 있어요.

미래를 이렇게 가능성의 영역으로 나누는 것은 어떤 의미가 있을까요? 미래를 구분하고 분석함으로써 우리가 불가능하다고 생각한 일들을 가능한 일로 바꾸는 방법을 생각할 수 있게 됩니다. 말하자면 사람이 하늘을 나는 일처럼 자연적으로는 불가능한 일이라도 '기술적으로는' 가능한 일로 바꾸는 해법을 발견할 수 있다는 것이죠.

똑같은 방식으로 현재 기술적으로는 불가능하더라도 논리적으로 불가능하지 않다고만 한다면, 그 자체로 불가능한 일은 아니라고 생각할 수 있고, 비록 현재는 불가능하더라도 기술적 한계를 뛰어넘을 방법을 찾으려고 시도해 볼 수 있어요. 더 작은 집합에서는 불가능한 일을 더 큰 집합에서 생각해 봄으로써 새로운 가능성을 탐색해 보는 것이죠. 이것이 창의적인 사람들이 새로운 해법을 발견하는 일종의 생각 기술이에요. 인류 문명이 온갖 기술적 발명품으로 가득한 것도 바로 이런 창의적인 상상력을 발휘했던 사람들 덕이에요.

6장

비판적 사고와 다양성

28
모두가
같은 생각을 하면
좋을까?

생각이 다른 사람과 함께 사는 일은 쉬운 일이 아니에요. 생각의 차이 때문에 갈등이 생기니 생각이 같으면 갈등도 없고 편하겠다 상상해 보기도 해요. 사람들 모두가 한마음 한뜻이니 좋지 않을까요?

인간은 정치적 동물이라는 유명한 말이 있죠. 이 말이 세상에 널리 알려진 것은 고대 그리스의 철학자 아리스토텔레스가 한 말이었기 때문이에요. 아리스토텔레스가 살았던 고대 그리스에서는 아테네와 같이 작은 도시들을 폴리스라고 불렀어요. 이 폴리스에서 '정치적'이라는 말이 나오죠. 폴리스들은 공동체이자 작은 나라였어요. 그리스 사람들은 공동체에서 생겨나는 많은 문제를 민주주의적 의사 결정을 통해 해결했어요.

공동체는 여러 구성원이 함께 사는 터전을 뜻하니 갈등이 생길 수밖에 없어요. 사람들마다 각자 생각하는 것과 원하는 것이 다르기 때문이죠. 우리도 일상에서 끊임없이 갈등 상황을 마주하곤 해요. 내가 원하는 삶의 방식과 다른 사람이 원하는 삶의 방식이 다를 수 있거든요. 그러니 서로 생각이 다른 사람들이 한 공동체에서 함께 살아가려면 갈등을 잘 조절할 수 있어야 해요.

당장 AI 기술을 두고도 어떤 사람은 부정적으로 생각해요. 일자리 문제뿐 아니라 AI가 우리의 통제를 벗어날 수도 있어서 위험하다고 생각하는 것이죠. 반면 다른 관점을 가진 사람은 AI

가 이제까지 인류가 풀지 못한 여러 수수께끼를 해결해 줄 것이라고 기대해요. AI는 놀라울 정도로 효율적이어서 사람이라면 수십 년이 걸려야 할 일을 단 며칠 만에 해낼 수도 있거든요. 그래서 AI에 대해 우호적으로 생각하는 사람은 AI를 사용하는 데 들어가는 에너지를 지금보다 효율적으로 사용할 수만 있다면, 인류의 생활을 과거와는 비교할 수 없을 정도로 발전시킬 수 있다고 기대하죠.

이처럼 생각이 서로 다른 사람들이 모여 있다면, 공동체가 어떤 선택을 해야 하는 상황에서 충돌할 수 있어요. 이를 사회적 갈등이라고 하죠. 갈등을 환영하는 사람은 거의 없어요. 누군가와 사소한 것으로 말다툼만 해도 기분이 언짢고 힘들죠. 하물며 그 의사 결정에 내 인생의 미래가 걸려 있다면, 심각한 싸움으로 발전할 수도 있을 거예요. 이렇게 갈등이 심해지면 공동체에게는 위기라고 할 수 있어요. 사람들의 뜻이 달라 의사 결정이 늦어지면 문제 해결도 늦어져 손해가 커지니까요. 또 빠른 의사 결정을 위해 다수결로 해 버리면, 반대했던 사람들이 협력에 나서지 않을 수도 있어요.

그래서 누군가는 이렇게 생각할 수도 있을 거예요. 만약 사람들이 모두 똑같은 생각을 한다면 갈등은 없지 않을까? 그러면 공동체의 문제들도 잘 해결될 것이고, 더 살기 좋은 세상을 만들 수 있지 않을까?

"획일화된 사회는 결코 인간다운 삶을 보장할 수 없어"

올더스 헉슬리의 소설《멋진 신세계》에서는 아이들이 태어날 때 계급이 정해져요. 계급이 정해지는 까닭은 사람의 능력을 다르게 설정해서 출생시켰기 때문이죠. 과학이 발달해서 유전자 조작을 통해 맞춤형 아기를 생산하고, 교육 역시 계급에 따라 다르게 해요. 가장 뛰어난 능력이 있는 알파 계급과 그다음으로 베타, 감마 등 사회적 계급을 나누어요. 물론 그 계급에 맞게 하는 일도 다르죠. 알파에 속하는 인간은 주로 나라를 다스리는 일을 하고, 물건을 생산하고 노동하는 일은 델타 계급이 하는 식이죠.

이 멋진 신세계의 총통에게 외부에서 온 이방인이 왜 사람을 불평등하게 대하냐고 물어요. 그것이 과연 이상적인 나라냐고요. 그러자 총통은 그 나라에서 해 보았던 실험을 하나 소개해요. 외딴섬에 알파들만 모아서 그 공동체가 잘 운영되는지를 본 것이죠. 실험의 결과는 어땠을까요?

총통은 모두가 능력이 뛰어난 사람들이므로 더 좋은 공동체가 될 거라는 기대와 달리 결과는 참혹했다고 말해요. 왜 그랬을까요? 모두가 같은 일을 하기 원하고, 같은 것을 원했기 때문에 갈등이 더 심각해졌고 마침내 서로를 해치게 됐다는 거예요. 그러면서 질서를 유지하기 위해서는 계급이 있어야 하고, 불평등은 어쩔 수 없는 것이라고 말해요. 총통은 이렇게 되묻죠. 행복이란 결국 만족을 뜻하므로, 어떤 계급이든 만족하기만 하면 되는 것 아니겠느냐고요. 그래서 멋진 신세계의 하층계급은 유전자조작 단계에서부터 책 읽고 생각하는 일을 귀찮아하게 하고, 그 대신 감각적인 쾌락을 추구하도록 만들죠. 나라에서 쾌락을 제공함으로써 낮은 계층이라도 행복하다고 느낄 수 있으니 그런 사회야말로 유토피아가 아니겠냐고 되물어요.

헉슬리가 상상한 세계는 획일화된 사회예요. 각 계급에 속한 사람들의 생각이 모두 비슷하고, 사회적인 문제를 대하는 관점도 비슷하죠. 그런 탓인지 불만도 없고 사람들 사이에 갈등도 없어요. 이런 나라를 좋은 나라라고 할 수 있을까요? 총통에게 의문을 제기한 이방인은 그것은 결코 인간다운 삶이 아니라고 생각해요.

물론 어떤 문제 해결에 공동체의 구성원들이 한마음 한뜻으로 나설 수 있다면 그것만큼 좋은 일도 없을 거예요. 예를 들어 기후 위기에 대처하는데 모두가 같은 생각이라면 위기를 극복하는 데 큰 힘이 되겠죠. 하지만 그 이상으로 중요한 것은 그 같은 생각이 개인의 자유로운 생각과 선택에 따른 결과여야 한다는 것이에요. 누군가 강제로 생각을 통일시키는 것은 결코 바람직하다고 할 수 없어요. 또 모두가 생각이 같다면, 문제를 다른 시선에서 보아 창의적인 해법을 마련하는 일은 매우 어려운 일이 될 거예요.

다양성은 왜 중요할까?

획일화된 사회는 위험하다고 해요. 왜 그럴까요? 다양성이 적은 사회는 외부 충격에 아주 민감해져요. 소나무만 있는 숲에 어느 날 치명적인 해충이 들어오면 그 숲의 운명은 어떻게 될까요?

커다란 숲이 있다고 해 보죠. 그 숲에는 소나무만 있는데, 어느 날 소나무 재선충병이 돌기 시작했어요. 이 병은 소나무를 단기간에 말라 죽게 만들어요. 어떻게 될까요? 병이 이 소나무에서 저 소나무로 옮겨 감으로써 숲은 결국 죽은 나무들만 남게 될 거예요. 만약 소나무들 사이에 참나무나 자작나무 같은 다른 나무들이 섞여 있었다면, 설령 소나무들이 말라 죽더라도 숲은 유지가 되었을 거예요.

동물의 경우에도 마찬가지예요. 1850년대가 끝나 갈 무렵, 오스트레일리아에 처음으로 토끼가 들어와요. 그때까지 오스트레일리아에는 토끼가 없었죠. 토머스 오스틴이라는 사람이 사냥용으로 토끼를 처음 들여왔는데, 토끼는 새끼를 빨리, 그리고 많이 낳아요. 토끼 암컷 한 마리가 1년에 50마리까지 새끼를 낳을 수 있죠. 오스트레일리아의 땅은 어떻게 되었을까요? 오래지 않아 땅 전체에 토끼가 넘쳐 나기 시작했죠. 수많은 토끼가 왕성한 식욕으로 풀을 먹어 치우는 거예요. 당연히 그런 풀들에 의지해서 살던 많은 동물이 사라지기 시작했죠. 생태계의 균형이 무너진 거예요. 이후 오스트레일리아에서는 '토끼 전쟁'이라고 부를 정도로 토끼 문제로 골머리를 앓게 돼요.

보잘 것 없는 재주도 많은 사람을 구할 수 있어

한 시스템이 획일화되어 있을 때, 즉 알파들만 있는 섬이라든가, 소나무만 있는 숲, 토끼만 있는 땅처럼 다양성이 없을 때 그 시스템은 여러 방식으로 매우 취약한 상태가 됩니다. 사람들의 공동체라고 다를까요? 모두가 똑같은 생각을 한다면, 공동체에서 문제가 생겼을 때, 그 문제를 대하는 태도와 문제를 해결하기 위한 아이디어도 비슷할 거예요. 상호 협력을 위해서는 같은 생각을 하는 것이 중요하지만, 그것과는 별개로 문제를 새로운 시선에서 보고, 새로운 가능성을 모색할 수 있는 생각의 차이도 중요해요.

오늘날의 사회를 우리는 다양성 사회라고 불러요. 여러 의미를 함축하고 있지만, 우선은 사람마다 생각이 다르고, 그 다름은 존중되어야 한다는 뜻을 담고 있죠. 디지털 사회가 되면서 이런 다양성 문제는 이중적으로 나타나고 있어요. 한편으로 SNS 같은 플랫폼은 생각이 다른 사람들이 자신만의 생각을 널리 알릴 수 있는 좋은 공간으로 활용돼요. 다른 한편으로 밈이 유행하는 것처럼, 어떤 생각이 사람들의 관심을 받고 널리 퍼지기 시작하면 큰 유행이 되어서 사람들의 생각을 획일화하기도 해요.

이런 상황에서 AI가 우리 일상 깊숙이 들어오면 어떨까요? AI의 학습 방식 중 하나는 인터넷에서 널리 알려진 데이터들을 이용하는 것이에요. 그런 자료를 토대로 사용자의 요구에 대답해 주곤 하죠. 그러면 어떤 문제에 대해 AI의 대답은 비슷해지기 쉽고, 그런 대답을 신뢰하기 시작하면 우리의 생각도 비슷해지기 쉬워요. 다양성이 사라지기 쉬운 것이죠.

중국의 역사가 사마천이 쓴 《사기열전》에는 제나라의 재상이었던 맹상군에 관한 이야기가 나옵니다. 맹상군은 재주 있는 사람을 아껴서 그의 주위에는 늘 사람이 많았죠. 어느 날 맹상군은 당시 가장 강력한 나라였던 진나라에 불려 가게 되었어요. 진나라의 왕은 맹상군의 능력을 보고 그를 재상으로 삼으려 했으나, 주변에서 맹상군이 제나라 사람이라 위험하다는 말을 듣고 그를 제거하려고 했어요. 그것을 알게 된 맹상군은 어떻게든 진나라를 벗어나려고 하죠. 우여곡절 끝에 야밤에 진나라 국경까지는 갔는데, 새벽에 닭이 울기 전까지는 국경의 문이 열리지 않는 거예요. 맹상군이 도주했다는 사실이 알려져 진나라의 추격대가 쫓아오고 있었고요.

다행히 맹상군의 일행 중 닭 울음소리를 똑같이 흉내 내는 사람이 있었어요. 그가 닭 울음소리를 내자 마침내 국경의 문이 열려서 맹상군은 목숨을 구할 수 있었죠. 그런데 그 닭 울음소리를 내는 사람이 사실은 그 재주밖에 없어서 처음엔 대부분이 그를 일행으로 받아들이려 하지 않았어요. 하지만 그렇게 보잘것없어 보이는 재주가 많은 사람의 목숨을 살리게 된 것이죠.

만약 맹상군이 주변 사람들의 말을 듣고 그 사람을 쫓아냈다면 어떻게 되었을까요? 맹상군 무리는 아마도 진나라 국경에서 마주한 위기를 벗어나지 못했을 거예요. 사람을 평가하는 기준 역시 다양할 수 있어요. 획일화된 평가 기준은 같은 유형의 사람들만 골라내겠죠. 마치 알파들만 사는 섬처럼요.

나와 생각이 다른 사람이 필요하다고?

AI는 바둑돌을 하나씩 놓을 때마다 이 자리에 돌을 놓으면 이길 확률이 58%인데, 저 자리에 돌을 놓으면 이길 확률이 39%로 떨어진다고 계산해 줘요. 그럼 여러분은 어떤 선택을 하겠어요? 당연히 이길 확률이 높은 수를 선택하겠지요. 그런데 이런 방식이 바둑을 즐기는 사람에게 어떤 영향을 끼쳤을까요?

2016년 3월 서울에서 아주 흥미로운 대결이 펼쳐졌어요. 한국 바둑의 최정상급 기사였던 이세돌 9단과 구글에서 만든 바둑 AI인 알파고가 대국을 펼쳤어요. 이미 체스에서는 인간이 AI에게 졌지만, 바둑은 워낙 경우의 수가 복잡하고 다양해서 아무리 계산이 빠른 AI라도 인간을 넘어서지 못할 것이라는 평가가 지배적이었죠. 하지만 결과는 잘 알려진 것처럼 알파고의 승리였어요. 이 대결 이후로 바둑은 많은 것이 바뀌게 되었죠.

가장 큰 변화 중 하나는 사람들이 AI를 연구하고 AI의 수를 따라 하게 되었다는 거예요. 바둑계에서는 이를 두고 바둑 기사들이 AI가 둘 법한 수들을 모방하면서 결과적으로 매우 비슷해져 가고 있다는 이야기를 해요. 알파고 이전에는 기사들마다 자신만의 스타일이 있었는데, 그런 개성들이 사라지고 있다는 것이죠. 사람들은 기사들이 AI의 바둑을 연구하면서 AI가 추천하는 수를 자꾸 두게 되고, 이것이 바둑을 마치 정답이 있는 게임처럼 변하게 하고 있다고 아쉬워해요.

비판적 사고는 집단 사고에 빠지지 않게 해 줘

물론 이런 이야기가 AI로 인해 사람들의 바둑 실력이 쇠퇴했다고 말하는 것은 아닙니다. 오히려 AI로 인해서 기사들의 바둑 실력은 상향평준화하고 있어요. 따라서 바둑계에 AI가 도입됨으로써 생긴 변화의 의미가 무엇인지는 아직 더 두고 봐야 하겠죠. 다만 바둑을 두는 전략이 획일화하는 방식으로 변화해 간다면 그것은 바람직하지 않을 거예요. AI가 확률적으로 추천하는 수들을 무조건 따라 한다면 그것은 AI가 두는 바둑이지 '내'가 두는 바둑은 아닐 테니까요.

사람들의 생각에 차이가 없어지는 것은 사회적으로 도움이 될 때도 있지만, 그보다는 위협이 될 가능성이 커요. 집단 사고에 빠지게 될 수 있으니까요.

집단 사고는 공동체의 구성원들이 모두 같은 생각을 하는 상황을 말해요. 의사 결정은 매우 빨리 일어나지만 다른 생각들이 배척되기가 쉽죠. 누군가가 나와 같은 생각을 한다는 것은 우리가 한편이라는 느낌을 줘요. 모두 같은 생각을 하고 있다는 느낌을 받으면 결속력이 강해지죠. 그래서 어떤 공동체에서 소속감을 느끼고 싶은 사람들은 자신만의 생각보다는 그 공동체의 구성원들이 어떤 생각을 하는지 짐작하고 자기 생각을 다른 사람들의 생각에 동조시키려고 해요. 이러한 경향이 획일적인 생각을 낳을 수 있어요.

비판적 사고는 바로 이런 획일적인 사고를 경계해요. 비판적 사고에 익숙한 사람은 모두가 같은 생각을 하면, 우리가 혹시 집단 사고에 빠진 것은 아닌지 점검하게 돼요. 집단 사고에 빠지면 마치 눈을 가리고 오직 앞만 보고 달리는 경주마처럼 외부의 상황 변화에 대응하기가 어려워진다는 것을 잘 알고 있기 때문이에요. 그런 의미에서 공동체 내에서 생각이 다른 사람의 존재는 매우 귀중한 자산이 될 수 있어요. 마치 과학자가 어떤 문제를 풀기 위해 실험을 계획하는 것과 마찬가지의 역할을 해요. 실험이 성공적으로 마무리되면 내 생각이 옳았다는 것이 증명되고, 그 반대 상황이라면 내가 뭔가를 잘못 생각했다는 뜻이죠. 마찬가지로 생각이 다른 사람과 대화하는 것은 서로의 생각을 비판적으로 검토할 수 있는 기회가 될 수 있어요.

1986년 미국에서는 아주 비극적인 사고가 있었어요. 그해 1월에 우주왕복선 챌린저호가 발사 후 2분이 안 되어서 공중폭발하는 사고였죠. 승무원 7명이 모두 목숨을 잃었어요. 사실 이 사고는 일어나지 않았어야 하는 사고였어요. 로켓 기술자가 추운 날씨에는 고무 부품이 제대로 작동하지 않을 수 있다는 경고를 했었거든요. 하지만 몇 차례 발사를 연기했던 터라, 시간에 쫓겼던 미국 항공우주국 사람들과 로켓 회사의 수뇌부는 기술자의 경고를 무시했어요. 그들은 모두 기술자의 걱정이 지나친 것이라고 스스로를 기만하고, 같은 생각을 하는 사람들의 말만 믿었죠. 만약 그들이 자신들과는 다른 생각을 했던 기술자의 말을 믿었다면 어땠을까요?

내 생각을 지지해 주는 사람의 말은 나의 선택에 힘을 주죠. 하지만 그만큼 집단 사고에 빠질 위험도 있어요. 물론 그렇다고 무조건 나와 생각이 다른 사람의 말을 따라야 한다는 것은 아니에요. 맹목적으로 다른 사람의 생각을 따르는 것은 자신의 주체성을 약하게 만들 수 있어요. 핵심은 스스로 생각하며 자신의 판단 기준을 분명히 하되, 다른 사람과의 만남을 통해 우리의 시야와 관심을 확장하는 것이에요. 이 과정에서 타인의 생각을 비판적으로 검토하기도 하고, 내 생각을 스스로 비판적 시험대에 올려 볼 수 있을 겁니다.

한 공동체의 구성원들이 서로 간의 차이를 존중하고 개방적이라면 그 공동체 전체의 문제 해결력은 높아질 수 있어요. 무엇보다 다양성이 커지고, 그에 따라 구성원들의 창의성이 발휘될 기회도 많아지기 때문이죠. 그런데 이렇게 서로의 차이를 존중하는 것이 중요하다는 것을 알아도, 현실에서는 혐오와 차별이 있어요. 도대체 왜 그럴까요?

다르다와 틀리다는 뭐가 다르지?

난 다르게 생각해.

내가 나쁜가?

다 똑같은 생각을 하는데 오직 한 사람만 다르게 생각한다면 어떻게 해야 할까요? 그에게 생각을 바꾸라고 해야 할까요? 그 사람이 그럴 수 없다고 하면 그 사람 잘못일까요?

1894년 9월 프랑스에서는 한 반역자에 대한 재판이 벌어집니다. 당시 적대 관계에 있던 독일군에게 프랑스 포병의 기밀 정보를 팔아넘긴 혐의를 받는 한 군인에 대한 재판이었죠. 그의 이름은 알프레드 드레퓌스, 사람들은 그가 유태인이라는 사실에 더 흥분했어요. 드레퓌스는 능력 있고 촉망받는 프랑스군 장교였죠. 그런 그가 군사기밀을 독일군에게 넘길 이유가 별로 없었어요. 하지만 당시 프랑스 사람들은 그가 유태인이기 때문에 조국 프랑스를 배신했을 거라고 믿어 버렸어요.

재판은 엉터리였고 형식적이었습니다. 그가 군사기밀을 넘겼다는 증거는 없었어요. 하지만 사람들은 마치 마녀사냥을 하듯이 드레퓌스가 반역자라고 믿어 버렸어요. 재판 결과 드레퓌스는 종신형을 받고 감옥에 갇히게 되죠. 이 사건으로 당시 프랑스는 둘로 나뉘게 됩니다. 드레퓌스가 진범이라고 믿는 사람들과 드레퓌스는 그저 억울한 희생양일 뿐이라고 믿는 사람들이 대립하게 된 거예요. 그 대립은 점점 더 심각해져서 서로에게 폭력을 쓸 정도로 격해졌어요. 나중에 다시 조사한 결과에 따르면 진범은 드레퓌스가 아니라 에스테라지라는 이름의 정보부 소령일 가능성이 컸어요. 하지만 이런 객관적인 증거에도 불구하고 많은 사람이 드레퓌스가 범인이라는 믿음을 거두지 않았어요. 드레퓌스의 인생은 그렇게 망가져 버렸어요. 그는 인종차별의 희생양이었던 겁니다.

드레퓌스 사건이 더 주목을 받았던 이유는 프랑스에서 일어났기 때문이기도 했어요. 프랑스는 시민혁명을 통해 온 세계에 모든 사람은 자유롭고 평등한 존재라는 인식을 확산시킨 나라였기 때문이죠. 그런 나라에서 인종적 편견에 의한 차별이 일어난 거니까 비판적 지식인들에게는 더욱 충격적인 사건이 되었어요. 당시 프랑스의 유명한 지식인이었던 에밀 졸라는 대통령에게 보내는 공개적인 편지에서 드레퓌스 재판의 잘못을 지적하고, 재심을 열어야 한다고 주장했어요. 이 편지는 "나는 고발한다!"라는 제목으로 신문에 실렸어요. 그런데 이 일로 에밀 졸라마저도 조국 프랑스를 배신하고 유태인 편을 든 반역자라는 비난에 시달려야 했어요. 하지만 에밀 졸라는 자신의 신념을 굽히지 않았죠. 다수가 소수를, 그저 다르다는 것을 이유로 억압하는 것은 결코 올바른 일이 아니니까요.

모두가 틀리고 오직 한 사람만이 진리를 볼 수도 있다

다름, 다시 말해 차이는 결코 차별의 근거가 될 수 없습니다. 도리어 차이는 공동체의 문화를 풍성하게 하고 당면한 문제를 새로운 시선에서 볼 수 있게 해 줘요. 이 차이가 존중될 때 사람은 비로소 자유를 느낄 수 있어요. 영국의 철학자 존 스튜어트 밀은 그의 책《자유론》에서 세상 모든 사람이 똑같은 생각을 하고, 오직 한 사람만이 다른 생각을 한다고 해서 그를 핍박해서는 안 된다고 말했어요. 밀이 사상과 언론의 자유를 강조한 까닭은 모두가 틀리고 오직 그 한 사람만이 진리를 볼 가능성을 배제할 수 없기 때문이었어요.

한 집단이 집단 사고에 빠져 있을 때 누군가 반대하는 목소리를 내기는 대단히 어려워요. 드레퓌스 사건처럼 많은 사람이 객관적인 증거도 무시한 채 드레퓌스를 범인이라고 믿었던 사정이 바로 집단 사고의 위험을 분명하게 보여 주고 있어요. 우리는 어떤 문제에 대해 정답이 있을 것이라고 믿는 경향이 있어요. 인생에는 정답은 없다고 말하면서도, 사실은 정답이 있는 것처럼 살죠. 앞서 말한 바둑의 예처럼 경쟁에서 이길 확률이 높은 쪽을 정답이라고 생각하는 경향 때문일지도 몰라요. 사실 이길 확률이 높은 쪽에 베팅을 하는 것은 합리적이죠. 하지만 확률이 높다고 '정답', 다시 말해 언제나 옳은 답은 아니에요. 주어진 상황에 따라서는 잘못된 답일 수도 있죠. 창의적인 해법이 필요할 때는 바로 이런 경우가 많아요.

정답이 없는 문제를 정답이 있는 것처럼 해석하면, 다른 답은 틀린 답이 되어 버려요. 틀림은 다름과 달리 부당하거나 옳지 않다는 뜻을 갖고 있어요. 그래서 틀림은 교정의 대상이 되죠. 이때 억압과 폭력이 발생할 수 있어요. 다수라는 이유로 소수를 억압하는 일도 마찬가지예요. 여러 사람이 믿고 있는 것이 진실일 것이라는 믿음에 기초해서 소수의 다른 생각을 틀린 것이라고 믿기 쉽거든요. 비판적 사고에 숙련된 사람이라면, 자신이 혹은 자신이 포함된 공동체가 이런 잘못을 범하는 일에 대해 주의를 기울여야만 합니다. 마치 에밀 졸라가 자신의 조국 프랑스를 고발했던 것처럼 말이죠.

32
AI도 배려해야 할까?

다른 사람과 갈등 상황에 있을 때, 친구가 내 편을 들어주지 않으면 속상하죠. 그런데 내가 잘못했는데도 내 편을 들어주어야 친구일까요? 그 거꾸로의 상황은 어떨까요? 어떤 사람이 잘못했는데도 그 주변 사람이 그 사람 편만 들어주면 어떨까요?

다양성을 존중하는 사회에서 중요한 가치는 자유와 평등이에요. 모든 사람은 자유롭고 평등하게 자신이 원하는 삶을 살 권리가 있어요. 자유와 평등은 공동체의 삶을 살아온 인류 역사가 끊임없이 추구해 온 가치입니다. 하지만 생각의 차이도 있고, 같은 것을 원하기 때문에 경쟁이 일어나기도 해요. 그래서 갈등을 해결하는 능력이 그 공동체가 얼마나 성숙한 공동체인지를 가늠하는 지표가 되곤 하죠.

비판적 사고가 중요한 까닭도 바로 이런 갈등을 잘 조율하기 위해서예요. 비판적 사고는 어떤 생각이 올바른지, 또 문제를 해결하기 위해서 어떤 판단이 더 좋은지를 평가해요. 평가를 할 때는 객관적인 증거에 기초해서 합리적으로 우리의 믿음을 검사해야 하죠. 그런데 팔은 안으로 굽는다는 말처럼 자신이나 자신과 가까운 사람들에게 유리하도록 평가하기 쉬워요.

누군가 우리를 한국 사람이라는 이유만으로 차별한다고 생각해 보세요. 한국 사람이라면 당연히 분노할 겁니다. 그와 똑같은 이유로 한국 사람이 다른 나라 사람을 차별 대우한다면 그것

역시 분노해야 할 일입니다. 이것이 바로 공정성이에요. 이러한 공정성을 황금률이라고 불러요.

황금률은 내가 받고 싶지 않은 대접을 타인에게 해서는 안 된다는 것, 거꾸로 말하면 내가 받고 싶은 대접을 남에게 하라는 것이에요. 황금률은 지역과 문화의 차이를 넘어 대부분의 공동체에서 지켜야 하는 도덕적 원리이기도 해요.

비판적 사고의 정신 역시 이 황금률과 다르지 않아요. 스스로를 비판적으로 성찰할 수 있을 때 비로소 다른 사람의 생각이나 행동을 올바르게 평가할 수 있겠죠. 이런 점에서 비판적 사고는 공정성을 중시한다고 할 수 있어요.

"인간과 인간 아닌 존재를 구분하는 기준은 무엇일까"

우리가 다른 사람을 도덕적으로 존중하듯이 다른 동물들도 도덕적으로 존중해야 할까요? 동물을 학대하는 행위를 법적으로도 처벌하는 것에서 알 수 있듯이 오늘날에는 동물도 도덕적으로 배려해야 한다는 것이 일반적인 생각입니다. 인간을 위한 약을 만들기 위해 동물에게 생체 실험을 하는 일은 대부분 금지되었죠. 어쩔 수 없이 실험을 하더라도 엄격한 제한을 두고 해야 해요. 동물도 고통을 느끼는 생명체니까요. 인간 외의 다른 생명체 역시 배려받아야 하는 지구촌 동료예요.

그러면 자동차나 자전거와 같은 기계도 도덕적으로 배려해야 할까요? 다른 종의 동물들을 존중하고 배려해야 한다는 것은 알겠지만 기계까지 배려해야 한다는 것은 아무래도 어색하게 들려요. 그렇다면 이번에는 인간과 대화할 수 있고, 인간의 감정을 읽어 내기도 하며, 많은 영역에서 인간과 비슷한 AI에 대해서는 어떨까요?

AI도 자동차와 같은 기계이므로 도덕적 배려의 대상이 아닐까요? 아니면 다른 동물과 마찬가지로 도덕적 배려의 대상일까요? 마치 집에 있는 반려 고양이처럼 오랫동안 함께 한 AI가 있다면요? 기술이 발전해서 그 AI가 몸까지 가진 로봇이 되어 우리와 함께 생활한다면 그때는 또 어떻게 대해야 할까요?

유명한 SF 작가인 아이작 아시모프는 이미 1950년에 로봇 3원칙이라는 것을 제시했는데 그 내용은 이래요. 물론 이때 로봇은 AI를 탑재한 로봇이에요.

1원칙 로봇은 인간을 해쳐서는 안 된다. 또한 인간이 해를 입도록 방관해서도 안 된다.

2원칙 1원칙에 위배되지 않는 한, 로봇은 인간의 명령에 복종해야 한다.

3원칙 1원칙과 2원칙에 위배되지 않는 한, 로봇은 자기 자신을 보호해야 한다.

이 원칙들을 보면 로봇은 인간을 배려하도록 설계되어 있다는 것을 알 수 있어요. 그렇다면 그 로봇을 우리도 도덕적으로 존중해야 하지 않을까요? 요즘 많은 인문학자가 AI나 AI를 탑재한 로봇에게 도덕적 판단과 행위를 가르쳐야 한다고 말하죠. 그래야 인간의 문화를 학습한 AI가 인간을 차별하지 않을 테니까요. 그런데 로봇은 인간을 존중하는데, 인간은 로봇이 기계라는 이유로 함부로 해도 된다면, 그것은 황금률에 어긋나지 않을까요? AI 기술이 발전하면서 자연스레 생겨난 질문들을 통해 우리는 인간이란 무엇이고, 인간과 인간 아닌 존재를 구분하는 기준은 무엇인지 다시 생각해 보고 있는 중이에요.

AI라는 새로운 기술, 인간처럼 생각하고 판단하는 새로운 존재의 등장으로 우리는 우리 스스로를 비판적으로 성찰하기 시작했어요. 나 아닌 다른 존재는 그것이 생명이든 아니든, 우리 스스로를 비판적으로 성찰할 수 있는 계기가 돼요. 마치 생각이 다른 친구를 만나 대화하는 것을 통해 내 생각을 비판적으로 검토해 보는 기회를 갖는 것처럼 말이죠. 나 아닌 다른 존재, 흔히 말하는 '타자'는 그런 점에서 나를 성숙하게 하는 존재라고 할 수 있어요.

33

자아도 부자가 될 수 있다고?

부자!

누구나 부자가 되고 싶어 합니다. 풍요로운 삶을 바라는 것이죠. 우리의 자아도 풍요로워질 수 있을까요? 그 풍요로움은 어떻게 가능할까요?

독일의 철학자 테오도르 아도르노는 자아가 가난해질 수 있다고 말해요. 이 말의 의미는 언뜻 잘 들어오지 않죠. 하지만 곰곰이 생각해 보면 우리가 이미 잘 알고 있는 말이기도 해요. 예를 들어 누군가 여행도 많이 하고, 이런저런 경험도 많이 해 봤다면, 그런 사람을 어떻게 평가할까요? 아마도 세상 경험이 풍부하다고 말할 거예요. 그래서 경험 부자라고도 말해요. 풍부한 경험 중에 중요한 것이 바로 타자, 다른 사람들에 대한 경험이에요.

아도르노는 인간의 자아에 대해서도 비슷한 생각을 합니다. 다른 사람과 함께하는 경험은 내가 세상을 보는 방식과는 다른 차이를 내 자아에 새기는 일이라고 할 수 있어요. 자아라는 말은 내 주체성을 뜻하고, 내가 나를 어떻게 이해하고 있는지를 보여 줘요. 흔히 자아실현이라는 말을 하는데, 그것은 내가 바라던 일을 함으로써 내가 희망하던 내가 되어 간다는 뜻이죠. 이런 의미에서 자아는 죽을 때까지 끊임없이 변화하면서 만들어지는 것이라고 할 수 있어요. 자아는 완전히 고립된 섬이 아니라, 세상을 향해 열려 있는 개방된 장소와 같아요. 그곳으로 어떤 경험들이 들어오느냐에 따라 내 자아의 폭과 깊이가 달라져요. 같은 것들만 들어온다면 그곳은 하나의 색깔로만 보이겠죠. 반면 다른 생각들, 다른 관점들이 들어온다면 그곳의 색깔도 훨씬 다채로워질 겁니다. 바로 이런 뜻으로 아도르노는, 나와 다른 타자를 나의 일부로 받아들임으로써 나의 자아가 더 풍요로워질 수 있다고 말한 거예요.

그런데 나와 다른 자아를 나의 일부로 받아들인다는 것은 또 뭘까요? 드라마나 영화에서 서로 사랑하는 사람들은 상대방을 향해 자신의 일부, 더 나아가 "너는 나의 전부야!"라고까지 말하죠. 그들은 어떤 문제가 발생했을 때, 혹은 어떤 중요한 결정을 해야 할 때 상대를 존중하고 배려합니다. 결코 상대를 배제하지 않아요. 이런 상황을 공동체까지 확대해 보면 나와 다른 타자를 존중하고 배려해야 한다는 뜻으로 새길 수 있을 거예요.

"자아 부자는 차이를 있는 그대로 인정해"

이솝 우화에 〈질항아리와 청동 항아리 이야기〉가 있어요. 둘은 아주 가까운 친구였지요. 어느 날 청동 항아리가 답답한 집안을 벗어나 세상 구경을 가자고 제안해요. 질항아리는 자신은 깨지기 쉬워 밖에 나가면 위험하다고 말하지만 청동 항아리는 자꾸 졸랐죠.

질항아리는 고집 센 청동 항아리의 부탁을 마냥 거절할 수 없어서 마침내 함께 여행을 떠나기로 합니다. 그런데 시작부터 일이 터지죠. 질항아리를 지켜 주겠다고 약속한 터라 청동 항아리는 가능한 한 질항아리와 가까이 붙어 걸으려고 했어요. 그 과정에서 둘이 자꾸 부딪치게 된 거예요. 처음 부딪쳤을 때 질항아리에는 작은 금이 갔고 다시 부딪치자 질항아리는 결국 부서지고 말았어요.

이 우화는 타자를 배려한다는 것, 차이를 존중한다는 것이 무슨 뜻인지를 생각하게 해요. 우리는 종종 내가 좋아하는 사람, 내가 사랑하는 사람과 비슷해지려고 합니다. 거꾸로 상대도 나와 같은 생각을 하고 같은 것을 좋아하기를 바라죠. 이렇게 타인을 나와 동일하게 만들려는 생각은 비록 그것이 사랑하는 마음에서 비롯된 것이라고 하더라도 파괴적인 결과를 낳을 수 있어요. 옳고 그름을 판단하는 문제나 무엇이 더 좋은 것인지를 결정할 때도 마찬가지예요. 자기 생각만이 옳다고 고집하는 것은 결과적으로 자신의 자아를 가난한 상태로 만드는 것일 수 있어요.

자아가 풍요로워진다는 것은 다름을 있는 그대로 인정한다는 것을 뜻해요. 한 공동체가 그 구성원들의 다양성을 존중할 때, 그 공동체는 더 풍요로워지겠죠. 우리가 앞으로 살아가야 할 세상은 어떤 세상일까요? 각자 자신이 원하는 바대로 살 수 있는 세상일까요? 아니면 어떤 획일화된 기준에 따라 모두 비슷한 모습으로 살아가는 세상일까요? 만일 누구나 각자 자기가 원하는 대로 살아갈 수 있다면 그곳은 유토피아라고 부를 수 있을까요?

7장

미래 시민의 조건

유토피아는 있을까?

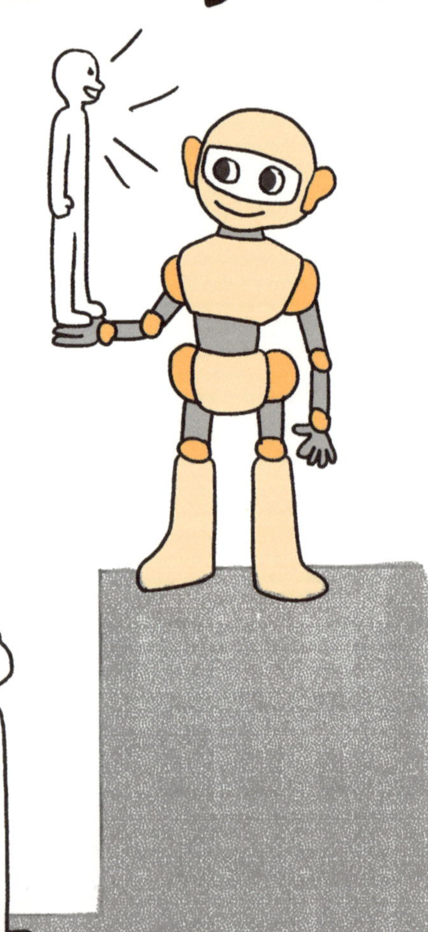

유토피아

'유토피아'란 말은 잘 알려진 것처럼 '어디에도 없는 곳'이라는 뜻이에요. 모든 사람이 행복하게 사는 천국과도 같은 곳이죠. 그런 곳에 '어디에도 없는 곳'이라는 이름을 붙인 것이 좀 아이러니하죠. 그렇다면 유토피아는 그저 헛된 꿈은 아닐까요?

본래 유토피아는 1516년 영국의 철학자이자 작가인 토머스 모어가 당시 영국의 현실을 고발하기 위해 쓴 소설에 나오는 상상 속 공화국이에요. 그 책의 첫 대목에는 '양이 사람을 잡아먹는다'는 말이 나옵니다. 당시 영국에서는 양모 산업이 발전하면서 양을 기르는 일이 돈이 되었어요. 그러자 땅을 갖고 있던 지주들이 양을 기르기 위해 마을 사람들이 농사짓던 땅에 울타리를 쳐서 목초지로 바꾸어요. 이를 나중에 '인클로저 운동'이라고 불렀는데, 그 말은 울타리를 친다는 뜻이에요. 그러자 그 땅에서 농사를 짓던 사람들이 하루아침에 생계를 잃고 나락으로 떨어지게 되었어요. 토머스 모어는 그런 현실을 비판하려고 《유토피아》라는 책을 쓴 것이죠.

토머스 모어의 유토피아 이야기는 사회적 변화가 때로는 얼마나 파괴적으로 작동할 수 있는지 알게 해 줘요. 당장 뉴스를 조금만 뒤져 봐도 AI라는 새로운 기술이 어떤 사회적 변화를 일으키고 있는지 확인할 수 있을 겁니다. 그런 변화 중 하나가 사람들이 일자리를 잃는 거예요. 마치 토머스 모어가 살았던 16세기 영국에서 양모 산업이 농부들을 실업자로 만들었던 것처럼요.

"기술 발전으로 인한 혜택이 소수에게만 집중된다면?"

그렇다면 모어가 생각한 유토피아는 어떤 모습일까요? 그곳에서는 모두가 각자 자신이 잘 하는 일을 해서 생산물을 만들어요. 그렇게 만들어진 생산물은 공동체 전체의 것이 되죠. 유토피아의 주민들은 사치스럽지 않기 때문에 낭비가 없고, 그래서 생산물은 언제나 넉넉해요. 게다가 모두가 함께 일했기 때문에 분배 역시 평등해서 누구나 풍족한 삶을 누릴 수 있어요. 따라서 남을 이기기 위한 치열한 경쟁도 없고, 노동 시간도 짧아 일이 끝난 뒤에는 자신이 하고 싶은 일을 하며 살 수 있어요. 모두가 행복할 수 있는 곳이죠.

사실 유토피아 공화국은 당시 모어가 생각할 수 있는 가장 이상적인 나라였어요. 누구나 풍족하게 살고 행복하게 사는 나라인 그곳은 당시 영국의 현실에서 보자면 너무 멀리 떨어져 있어서 '어디에도 없다'는 뜻의 '유토피아'라고 불렀던 것이죠.

여기서 다시 이상과 현실 사이의 거리를 측정하는 문제를 생각해 볼 수 있어요. 문제를 잘 해결하기 위해서는 내가 이상적인 상태라고 생각하는 목표와 지금 내 현실 사이의 거리를 잘 측정해야 적절한 해결책을 찾을 수 있어요. 현실의 객관적인 조건을 잘 파악해야 하지만, 이상으로 생각하는 목표 상태를 분명히 하는 것도 중요해요. 그 이상적인 상태는 비록 현실에서는 불가능할지라도, 현실을 개선하고자 하는 사람이 어느 방향으로 변화해야 하는지를 가늠할 수 있게 해 주는 역할을 하거든요. 지금 당장은 아니어도 그 방향으로 조금씩 전진해 가면 이상과 현실 사이의 거리를 조금씩 좁힐 수 있으니까요.

AI라는 새로운 기술이 우리 사회를 빠르게 변화시키고 있는 지금, 우리 사회가 어느 방향으로 가고 있는지, 또 가야 하는지를 깊게 생각해야 해요. 만약 방향을 잘못 잡으면 유토피아가 아니라 디스토피아로 갈 수도 있으니까요. 기술 발전으로 인한 사회적 변화가 일부 소수의 사람에게만 혜택을 주고, 많은 사람을 위기에 빠트린다면 그 변화를 바람직하다고 할 수는 없어요. 그런 사회는 도리어 대부분의 사람이 원치 않는 디스토피아일 거예요.

모어의 유토피아와 관련해서 한 가지 더 생각해 볼 것은 그 유토피아가 오늘날의 기준으로 보아도 유토피아인가 하는 점이에요. 모어의 유토피아에는 오늘날 받아들이기 어려운 제도와 풍습들이 있어요. 어렵고 힘든 일들은 노예가 하고, 결혼과 관련된 풍습도 오늘날의 관점에서 보면 이상한 것들이 있어요. 이것은 토머스 모어가 자신이 살던 시대의 관점에서 생각했기 때문일 거예요.

그렇다면 오늘날 우리는 어떤 세상을 유토피아라고 생각할 수 있을까요? 몇 가지는 모어의 유토피아와 비슷할 테고, 또 몇 가지는 달라질 거예요. 사람들이 이상적이라고 생각하는 상태도 제각각일 테고요. 그럼 다시 질문들이 생기죠. '무엇이 유토피아인지를 두고 사람들 사이에 갈등이 생긴다면 어떻게 될까?', '누구는 이런 세상이 우리가 지향해야 하는 세상이라고 하고, 또 다른 사람은 다른 세상을 목표로 생각한다면 어떨까?', '이렇게 서로 생각이 다른 사람들이 그 차이를 존중해야 한다면, 도대체 유토피아가 가능하기나 한 걸까?' 여러분의 생각은 어떤가요?

토론이 왜 필요해?

피곤 토론을 통해 문제를 해결해 본 경험이 있나요? 토론이 문제를 해결하는 아주 중요한 방법이라고 하지만 정작 말싸움으로 끝나는 때도 적지 않아요. 왜 그럴까요?

토론은 당면한 문제를 해결하기 위해 서로 생각이 다른 사람들이 대화를 나누는 행위에요. 토론을 통해 잘못 알고 있는 것을 교정하기도 하고, 더 좋은 대안을 찾아내기도 해요. 따라서 토론 과정에서 비판적 사고의 힘이 가장 잘 발휘될 수 있어요. 토론은 그저 시간을 보내기 위해 대화를 나누는 것과는 달리, 분명한 목적이 있는 대화예요. 그렇기 때문에 토론의 과정과 목표가 분명하게 정의되어야 해요. 토론 과정에서 생각들이 충돌할 수 있기 때문에 첨예한 대립이 있는 대화이기도 해요.

토론은 그 목적에 따라 다양한 방식으로 할 수 있어요. 어떤 문제를 해결할 아이디어를 찾는 토론도 할 수 있고, 제시된 여러 아이디어 중에 어느 것이 최선인지를 결정하기 위해 찬성과 반대로 나누어 대화하는 토론도 할 수 있어요. 따라서 토론의 목적에 따라 대화의 방식도 달라지고, 대화 과정에서 함께 얻어 내야 하는 결과물도 달라져요.

"토론은 이기기 위한 싸움이 아닌, 대화를 통해 협력해 나가는 과정"

그렇다면 어떻게 토론을 해야 할까요? 우선 토론 과정의 의미가 무엇인지를 토론에 참여하는 모든 사람이 잘 알고 있어야 해요. 토론을 말싸움이라고 생각하고 상대방을 굴복시키려 한다면 그것은 진정한 토론이라고 할 수 없어요. 토론은 대화를 통해 협력해 나가는 과정이기 때문이에요.

두 번째 우리가 하는 토론의 목표가 무엇인지를 토론 참여자들이 잘 알고 있어야 해요. 토론을 말싸움이라고 생각하는 사람은 토론이 쓸모없다고 생각하는 경향이 있어요. 중요한 문제를 두고 여러 사람이 토론했는데, 결국 자기 입장만 주장하고 결론을 내지 못한 경험 때문이에요. 토론을 실패한 대화라고 생각하는 거죠. 그런 실패는 토론의 목표를 설정하지 않았거나 잘못 설정했기 때문일 수 있어요.

따라서 토론을 기획하는 사람이 토론에 참여하는 사람이나 그 토론을 보고 생각을 정하려는 사람 모두에게, 오늘 토론의 의미가 무엇이고 목표가 무엇인지를 정확히 해 주는 것이 필요해요. 예를 들면, 사회자가 "오늘 토론의 목표는 각자의 생각이 얼마나 다른지를 확인해 보는 자리입니다"라고 한다면, 그 토론은 입장의 차이가 얼마나 큰지를 서로 확인하면 성공적이었다고 말할 수 있어요. 그 토론이 끝나고 "다음번 토론의 목표는 오늘 드러난 입장의 차이를 조금이라도 좁히기 위해 서로 양보할 수 있는 부분이 무엇인지 확인하는 것입니다"라고 말한다면, 토론에 참여한 사람들은 합의를 향해 조금씩 나아가고 있다고 생각할 수 있죠. 이런 성공의 경험이 쌓여야 비로소 토론을 통해 전체가 뜻을 모으는 일이 가능하다는 믿음을 갖게 돼요. 서로 생각이 다른데 단 한 번의 토론으로 해답을 찾기는 어려워요. 그래서 단계별 목표를 정하고, 차근차근 합의를 향해 나아가는 체계적인 경험이 토론에서는 무엇보다 중요해요.

또 토론의 목표가 문제를 정의하는 새로운 관점이나 문제 해결을 위한 아이디어를 찾아내는 것이라면, 누구나 자유롭게 의견을 제시하고 뭔가 다르게 생각해 볼 것은 없는지 탐색하는 과정이 되어야 해요. 이때는 가능한 한 많은 아이디어가 나올 수 있게 개방적이어야 하고, 서로를 비판하기보다는 격려해서 아주 사소한 생각이라도 이야기해 볼 수 있어야 해요. 그래서 아이디어가 꼬리를 물고 계속 나올 수 있도록 발산하게 하는 대화의 방식이 필요해요.

반면, 그런 탐색의 과정을 거쳐 어떤 해법이 나오면 그것이 정말 좋은 해법인지, 단점은 없는지를 꼼꼼히 따져 볼 필요가 있어요. 이때의 토론은 발산의 과정과는 반대로 하나의 합의안으로 수렴시키는 대화예요. 그 해법을 찬성하는 사람과 반대하는 사람이 왜 그런 판단에 도달했는지를 두고 비판적으로 대화하죠. 각각 상대 의견에 어떤 문제점이 있는지를 분석하고 상대를 우리 의견으로 바꾸도록 설득하려고 노력해요. 때때로 이 과정은 매우 격렬해지기도 해요. 찬성과 반대의 토론을 보면서 공동체 전체는 그 해법을 선택할 것인지 말 것인지를 결정할 수 있게 됩니다.

이때 중요한 것은 의사 결정에 참여하는 모든 사람이 공동체 전체를 위해서 무엇이 더 중요한지, 또 무엇이 더 우선해야 하는지를 합리적으로 결정하는 것이에요. 공동체의 문제는 그 문제와 직접적인 이해관계가 있는 당사자들만의 문제가 아니에요. 그런 문제를 해결해 나가는 방법과 절차 자체가 그 공동체의 자산이라는 점에서 모두의 문제이기도 해요. 비록 이번 문제는 나와 직접적인 관련이 없더라도, 그 문제를 해결해 나가는 과정이 언젠가 내 이해관계가 얽힌 문제를 해결할 때도 적용되기 때문이에요. 따라서 토론이라는 합리적인 의사소통을 통해 문제를 해결하도록 공동체 구성원 모두가 관심을 가져야만 해요.

공론장이
바뀌고 있다고?

공론장은 공동체의 구성원들이 함께 머리를 맞대고 문제를 해결해 나가는 장소를 말해요. 디지털 기술은 이 공론장에 새로운 희망과 위협을 동시에 제공하고 있지요. 공론장을 잘 관리하는 일은 오늘날 무엇보다 중요한 과제예요.

자신이나 특정 집단의 이해관계에서 벗어나 공동체 전체를 생각하는 합리적인 태도를 지니지 못한다면 토론을 통해 문제를 해결한다는 것은 대단히 어려운 일이 될 거예요. 독일의 사회학자이자 철학자인 위르겐 하버마스는 이 과정을 공론장이라는 개념으로 설명해요.

공론장은 여럿이 모여 논의하는 장소라는 뜻을 가지고 있지만, 하버마스가 강조하고 싶었던 것은 공적인 자리에서 합리적으로 의사소통을 하는 것이 민주적인 공동체를 꾸려 나가는 데 무엇보다 중요하다는 점이에요. 오늘날 많은 나라에서 민주적인 의사결정을 하지만 그 과정이 정말 합리적으로 이루어지고 있는가 하고 되물으면 대답하기가 쉽지 않아요.

1960년대 하버마스는 공론장에 대한 문제를 제기하면서 공론장의 역사를 조명합니다. 잘 알고 있는 것처럼 민주주의의 역사는 고대 그리스의 아테네에서 시작하죠. '아고라'라고 불리는 광장에서 아테네 시민들이 공동체의 의사 결정을 위해 토론하고 투표를 했어요. 그런데 고대 아테네의 민주주의는 그 진정한 이상에 비추어 보면 아직 부족했어요. 공론장에서 자신의 의견을 말하고, 의사 결정에 참여할 수 있는 사람들은 오직 시민권을 가진 성인 남자뿐이었거든요. 여자와 노예는 시민의 자격을 얻지 못했고 공론장에 나올 수도 없었어요. 그렇게 불완전하기는 했지만, 일단 시민들이 함께 토론하고 합의를 통해 공동체의 문제를 해결해 나가는 절차라는 점에서 대단히 의미 있는 시작이었죠.

그 후 공론장은 사람들이 자신이 얼마나 잘난 사람인지를 뽐내는 자리로 변했다가, 유럽의 근대에 들어와서야 비로소 토론을 통해 문제를 해결해 나가는 기능을 회복해요. 물론 이때도 여전히 공론장에서 자신의 의견을 말할 수 있는 사람은 제한적이기는 했어요. 일단 공론장의 논의에 참여하기 위해서는 사안에 대해 어느 정도 알고 있어야 하죠. 따라서 실질적인 참여가 가능하기 위해서는 교육을 받은 사람이어야 했고, 또 논의에 직접 참여할 때는 생계 노동을 잠시 내려놔야 했기 때문에 경제적으로도 여유가 있어야 했어요.

하지만 유럽의 근대는 이성의 시대이기도 했어요. 시민계급이 성장한 시대이기도 했죠. 모든 사람은 평등하고 적절한 교육만 받으면 지성을 발휘할 수 있다고 믿었던 계몽의 시대이기도 했어요. 실제로 프랑스혁명기에 많은 사회적 변화가 일어나면서 시민들은 이 공론장을 통해 여론을 만들고 사회체제를 변화시키기도 했어요.

대중매체를 장악하면 여론조작도 쉬워져

20세기에 들어와 라디오와 TV라는 새로운 대중매체가 영향력을 발휘하면서 공론장이 제 역할을 하지 못하는 상황이 벌어져요. 하버마스는 자신의 책, 《공론장의 구조변동》에서 이런 사정을 분석합니다. 문제의 핵심은 국가권력이 이 새로운 미디어를 장악하면, 시민들의 생각을 자기들 마음대로 조정할 수 있게 된다는 것이에요.

독일의 나치 정권은 라디오를 이용해서 사람들의 생각을 지배하려고 했어요. 또 TV가 가정마다 보급되었을 때도 비슷한 일들이 일어났죠. TV나 라디오는 모두 방송국에서 일방적으로 정보를 내보내는 수단이 될 수 있거든요. 정부나 특정 세력이 그런 매체를 장악하게 되었을 때 사람들에게 알리고 싶은 정보만 알리고, 숨기고 싶은 것은 숨길 수 있으니까요. 시민들을 통제하려는 권력은 따라서 그런 대중매체를 장악하기 위해 애를 썼어요. 대중매체를 장악하게 되면 여론을 특정 방향으로 이끄는 것이 훨씬 쉬워지니까요.

하버마스는 당시에 공론장이 위기에 처했다고 진단합니다. 그러다가 인터넷과 SNS라는 새로운 미디어가 등장하면서 새로운 희망이 솟아올랐죠. 인터넷이나 SNS는 시민들이 자발적으로 서로 의견을 주고받을 수 있는 통로이기 때문이에요. TV나 신문이 일방향 미디어라면 디지털 미디어는 쌍방향으로 작동하는 미디어라고 할 수 있어요. 인터넷 포털이나 SNS가 새로운 공론장 구실을 할 수 있을 것이라는 기대가 커졌어요.

실제로 세계 곳곳에서 새로운 변화의 움직임들이 시작되기도 했어요. 하지만 시간이 지나면서 공론장은 또다시 위기에 봉착해요. 인터넷과 SNS가 건전한 공론장의 역할만이 아니라 가짜 뉴스가 퍼지는 플랫폼 역할도 하기 때문이에요. 개인이나 특정 집단이 자신의 이익을 위해 가짜 뉴스를 퍼트렸을 때, 많은 사람이 그런 뉴스를 마치 사실인 것처럼 받아들이면 공동체 전체에 커다란 위협이 될 수밖에 없어요. 미래 시민이라면 비판적 사고를 통해 우리의 공론장이 건전하게 작동할 수 있도록 노력해야 하는 의무가 있어요.

37

설득의 달인이 되려면?

공론장에서 토론하는 것은 일종의 설득 과정이라고 할 수 있어요. 각자 자신이 옳다고 생각하는 것을 상대에게 납득시키는 과정이니까요. 진리를 알고 있어도 상대를 설득하지 못하는 일만큼 답답한 일도 없지 않을까요?

찬성과 반대로 나눠 하는 토론은 생각이 다른 상대방을 설득하는 대화라고 할 수 있어요. 이것은 오늘날처럼 개성이 강한 사람들이 함께 공동체를 이루어 살고 있는 사회에서는 대단히 중요한 의미가 있어요. 서로 생각이 다른 사람이 뜻을 모아 합의했다는 것은 누군가가 또 다른 누군가를 설득했기 때문일 테니까요.

이때 우리가 놓치지 말아야 할 것들이 있어요. 일단 토론이 끝나고 어떤 의사 결정이 이루어졌을 때, 구성원 모두가 잘 따르고 협력해야 한다는 약속이 지켜져야만 해요. 토론이 너무 격해져서 어느 누구도 양보하지 않고 극단적인 대결이 된다면, 설령 어떤 결정이 나더라도 사람들은 협력하지 않을 수 있어요. 그렇게 되면 진정한 설득이라고 할 수 없죠.

새로운 기술이 발전하면서 앞으로 우리 사회의 많은 부분이 변화해 갈 거예요. 과거에는 생각해 보지도 못했던 문제들이 발생하겠죠. 예를 들어 반려동물처럼 반려 AI가 나올 수 있는데, 그런 AI를 어떻게 생각해야 하는지도 있겠고, AI에게 나만의 고민을 말했을 때, 그 AI가 나의 은밀한 정보를 다른 곳에 누설하는 문제도 생길 수 있을 거예요. 더 크게는 공동체의 의사 결정을 AI에게 맡겨도 되는지의 문제도 있을 테고요. 이런 문제들에 대응하기 위해서는 공동체 전체가 뜻을 모아 규칙과 법을 만들어야 하겠죠. 공론장은 바로 이럴 때 잘 작동해야 해요. 이때 합의에 도달하는 것도 문제지만, 그것이 잘 지켜지기 위해서는 반대했던 사람도 그 합의를 진정성 있게 받아들여야 하겠죠. 설득의 과정은 바로 이렇게 상대방의 마음을 움직이는 일이라고 할 수 있어요.

"진정한 설득은 최선의 안으로 상대의 협력을 이끌어 내는 것"

토론을 통해 설득하는 과정은 두 가지의 목표를 동시에 추구하는 것이라고 할 수 있어요. 하나는 비판적 사고를 통해 문제를 해결하기 위한 최선의 방안을 찾는 것이고, 다른 하나는 그 최선의 방안을 실행하는 데 공동체 구성원 모두가 협력하게 하는 것이에요.

토론을 통해 합의한 해법이 최선이 아닐 경우, 문제를 해결하지 못할 가능성이 커요. 따라서 토론 과정을 통해 테이블 위에 놓인 여러 생각 중 최선을 선택해야 하고, 그 과정에서 누군가의 생각에 어떤 문제가 있는지 정확히 드러내야 해요. 상대의 마음이 다칠까 두려워서 문제가 있는 의견임에도 그 문제를 지적하지 않는다면 결과적으로 좋은 해결책을 찾을 수 없을 거예요. 상대의 의견을 비판할 때는 냉정하고 솔직해야 해요.

그런데 자신의 견해가 비판받는 것을 자존심 문제로 받아들이는 사람도 있을 수 있어요. 자기 의견이 비판받으면 무시당했다고 생각하는 거죠. 감정을 다치면 협력하려는 마음도 잘 생기지 않게 돼요. 설령 최선의 해법을 찾았더라도 구성원들이 서로 협력하지 않는 일이 일어날 수 있어요.

공동체의 문제를 해결하기 위한 토론을 잘 하기 위해서는 세 가지 요소에 신경을 써야 해요. 첫째는 가능한 한 합리적이고 이성적인 판단으로 최선의 안을 마련하려고 노력할 것, 둘째는 그 과정에서 상대방의 감정을 자극하지 말 것, 셋째는 상대방에 대해 예의를 갖추고 상대의 문화적 관습을 존중할 것이에요. 토론을 말싸움처럼 일종의 승부라고 생각하면, 상대를 존중하기가 어려워져요. 그래서 거친 말을 함으로써 상대를 자극하고 이기려 하죠. 그것은 결코 설득의 과정이 아니에요.

한편으로 우리는 이런 의심도 하게 되죠. 사람은 이기적인데, 설령 합리적인 의견이라도 자신에게 손해가 되는 일에 합의할 수 있을까? 비판적으로 사고하는 사람이 공정하다고 해도 막상 자신의 이해관계가 걸린 일에도 공정성을 유지할 수 있을까? 만약 사람들이 이기심을 극복하지 못한다면, 결국 비판적 사고를 통한 설득의 과정이라는 것은 공허한 희망이 아닐까?

인간은 정말 이기적일까?

인간은 정말 이기적일까요? 자신에게 이익이 되는 것을 마다할 사람이 있을까요? 하지만 남을 위해서 희생하기를 주저하지 않는 사람도 적지 않습니다. 무엇이 진실일까요? 혹시 진실과 상관없이 '인간은 본래 이기적인 동물이야!'라고 믿어 버리는 것이 문제는 아닐까요?

인간 본성에 대한 물음은 인류 역사를 통틀어 가장 오래된 질문일 겁니다. 맹자는 인간은 본래 선하다고 말했고, 순자는 인간의 본성은 악하다고 말했죠. 또 토머스 홉스는 인간의 본성대로라면 싸움이 끊이지 않을 것이라고 말한 반면, 장 자크 루소는 인간은 본래 동정심이 많은 존재지만 사회제도와 같은 환경이 그를 이기적으로 행동하도록 만든다고 말했어요.

인간 본성에 대한 논의는 오랫동안 철학에서 다루던 논의였어요. 생물학과 심리학이 발전하면서 인간 본성에 대한 논의에 과학도 참여하기 시작했죠. 사실 인간 본성이 어떤지는 여전히 답을 찾지 못한 수수께끼라고 해야 할 겁니다. 분명한 것은 인간 본성을 어떻게 보느냐에 따라 다른 사람을 대하는 관점과 행동이 달라질 수 있다는 거예요.

이와 관련한 흥미로운 실험이 있어요. 착한 사마리아인 실험이에요. 성경에 나오는 이야기인데, 한 유대인 율법학자가 예수께 누가 천국에 갈 수 있느냐고 물었을 때, 예수는 이렇게 되물어요. 누군가 강도를 만나 크게 다쳐서 길에 누워 있을 때 상인도 성직

자도 다 모른 채 지나쳤는데, 한 사마리아인만이 그를 돌보아 주었다면 누가 천국에 가겠느냐고요. 사실 사마리아인은 당시 사회에서 가장 무시받고 천대받던 사람들이었어요. 결국 인간의 훌륭함은 그의 지위나 지식, 혹은 재산과 무관하다는 뜻이겠죠.

1973년 미국 프린스턴 대학교에서 존 달리와 대니얼 베이트슨이라는 학자가 이 사마리아인 이야기로 실험을 했어요. 신학 대학 학생들을 둘로 나누어 한 그룹에게는 착한 사마리아인에 관한 강의를 하라고 하고, 다른 그룹에게는 다른 주제로 강의를 하게 했어요. 다만 두 그룹 모두 강의실로 가는 길에 응급 환자로 보이는 사람을 만나게 한 거예요. 일종의 몰래카메라 같은 실험이었죠. 결과는 어땠을까요? 착한 사마리아인에 관한 강의를 해야 하는 그룹이 환자를 더 돕지 않았을까요? 하지만 실험 결과는 강의 주제와는 아무 상관이 없었어요. 강의 시간이 얼마 남지 않아 시간에 쫓기던 학생들은 환자를 돕지 않았지만, 시간 여유가 있었던 학생들은 도움의 손길을 내밀었어요. 착한 사마리아인 이야기를 알고 있느냐는 아무런 영향을 주지 않았던 거예요.

이 실험의 의미는 무엇일까요? 이타적인 행위는 그 사람의 지식보다는 주변 환경에 더 영향을 받을 가능성이 크다는 것이에요. 위기에 처해 있는 다른 사람을 도와야 한다는 것을 잘 알고 있다고 하더라도 환경 조건이 그의 행동에 더 큰 영향을 미친다는 것을 알 수 있어요.

“모두가 협력할 수 있는 사회 분위기를 만드는 것이 더 중요해”

또 다른 실험을 볼까요? 이번에는 서로 경쟁해야 하는 게임에서 어떤 전략이 유리한가를 따져 보는 게임이에요. 로버트 액셀로드라는 미국의 정치학자는 여러 연구자에게 다양한 전략을 가진 컴퓨터 프로그램을 만들어 게임에 참가해 달라고 요청했어요. 이기주의적인 생존 전략을 가진 프로그램, 이타주의적인 생존 전략을 가진 프로그램 등 다양한 전략을 가진 프로그램들이 경쟁에 참여했죠. 결과는 ‘눈에는 눈, 이에는 이’ 전략이 최종 승자가 되었어요. 이 전략은 상대가 나에게 잘하면 나도 상대에게 잘 하고, 상대가 날 배신하면 나도 똑같이 한다는 것이에요. 이 전략이 흥미로운 것은 게임에 참여하는 프로그램들이 모두 이기적이라고 가정한다는 점이에요. 액셀로드는 이 게임 결과를 가지고 이기적인 사람들이 넘쳐 나도 협력이 일어날 수 있다고 해석하죠.

모두 이기적인데 어떻게 협력이 일어날까요? 눈에는 눈, 이에는 이 전략은 상대의 반응을 보면서 똑같이 되갚아 주는 전략이에요. 이때 중요한 것이 첫 시작이에요. 처음 본 상대가 나에게 잘 해 줄 수도 있고, 나를 이용해서 자기 이익만 챙길 수도 있죠. 만약 그 상대가 나에게 잘 한다면 나도 상대에게 잘 해야죠. 이런 관계가 주변으로 확산한다면, 공동체 전체가 협력적인 문화가 될 거예요. 반대로 첫 만남부터 상대가 나에게 해를 입힌다면, 나도 상대에게 똑같이 대응할 테니 이런 관계가 주변으로 확산한다면, 전체가 서로를 믿지 못하는 문화가 될 거예요. 그래서 게임에서 최종 승자가 된 '눈에는 눈, 이에는 이' 전략도 처음 만나는 상대에게는 일단 잘 대해 주는 것이 규칙이었죠. 사실 이 전략은 앞서 말한 황금률, '내가 상대에게 받고 싶은 대접을 상대에게 하라'는 도덕적 원칙과 다르지 않다고 할 수 있어요.

착한 사마리아인 실험과 액셀로드의 실험을 관통하는 생각은 무엇일까요? 모두가 협력할 수 있는 사회적 분위기를 만드는 것이 인간 본성이 실제로 이기적인지 아닌지를 따지는 것보다 더 중요하다는 점이에요. 만약 인간은 모두 이기적이라고 생각해서 상대를 의심하고 나의 이익을 위해 상대를 희생시키려고 한다면, 그 공동체는 결코 우리가 살고 싶은 사회는 아닐 거예요. 오히려 구성원들 모두가 내가 먼저 상대에게 좋은 마음씨로 대한다는 원칙을 지키면 공동체 전체에 협력하는 문화가 생겨날 겁니다.

서로 협력해서 공동체의 문제를 해결해야 할 때 가장 위험한 것은 그 구성원들이 이기적이어서 협력하지 않을 것이라는 선입견입니다. 한 사회에 그런 믿음이 확산한다면 실제로 그런 사회가 되기 쉽겠죠. 그런 분위기를 누가 반전시킬 수 있을까요? 그 변화의 시작은 누구일까요?

39

가성비가 좋으면 다 좋을까?

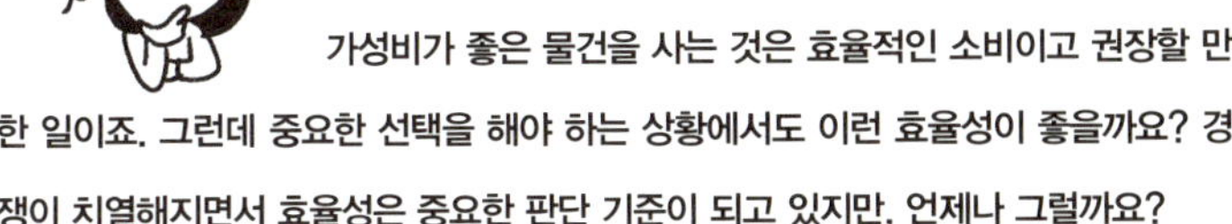

가성비가 좋은 물건을 사는 것은 효율적인 소비이고 권장할 만한 일이죠. 그런데 중요한 선택을 해야 하는 상황에서도 이런 효율성이 좋을까요? 경쟁이 치열해지면서 효율성은 중요한 판단 기준이 되고 있지만, 언제나 그럴까요?

서로를 존중하며 함께 지혜를 모아 공동체의 문제를 해결해 나가는 모습은 민주주의의 가장 이상적인 모습이에요. 하지만 아무리 좋은 제도라도 그것을 잘못 운용한다면 그 결과가 좋을 수는 없겠죠. 가짜 뉴스가 시민들을 속이면 민주주의는 제대로 작동하지 못할 거예요. 또 건전한 토론이 오가야 할 공론장이 제 역할을 하지 못하면 민주주의는 도리어 나쁜 결과를 낳을 수도 있어요.

하지만 이런 부작용에도 우리는 공동체의 문제를 해결하는 가장 좋은 방법은 민주주의라고 믿고 있어요. 미래를 생각하는 시민이라면, 민주주의가 어떤 상황에서 취약해질 수 있는지에 대해서도 알고 대비할 수 있어야 해요. 그중 하나를 콩도르세의 역설이라고 불러요.

프랑스의 개혁가였던 마르크 드 콩도르세는 민주주의를 단순한 다수결로 이해했을 때, 어떤 결과가 나올 수 있는지를 이런 방식으로 설명해요. 5명이 함께 저녁을 먹기로 하고 메뉴를 정하기로 했다고 해 보죠. A와 B는 짜장면이 먹고 싶고, C는 김치찌개를, D는 햄버거를, 그리고 E는 김밥과 라면을 먹고 싶어요. 이렇게 서로 생각이 다른 사람들이 어떻게 합의할 수 있을까요? 한 사람이 민주주의적인 방식으로 의사 결정을 하자고 제안해서 저녁 메뉴를 투표로 결정한다면 어떤 결과가 나올까요? 만약 다수결로 정한다면 저녁 메뉴는 짜장면이 될 가능성이 크겠죠. 그런데 사실 C, D, E는 점심에 이미 짜장면을 먹었기 때문에 저녁을 중국집에서 먹는 것만큼은 정말 피하고 싶었다면 어떨까요? 다수결로 의사 결정은 빨라졌지만 짜장면만큼은 피하고 싶었던 대다수는 짜장면을 먹어야 하는 콩도르세의 역설에 빠지게 됩니다.

“공동체의 미래는 단순히 효율성만으로 결정할 순 없어”

그렇다면 왜 사람들은 빨리 결정하려고 할까요? 그것은 효율성에 대한 믿음 때문이에요. 우리가 흔히 물건을 살 때 ‘가성비’라는 말을 하죠. 같은 가격에 더 좋은 성능의 물건이나, 비슷한 성능에 가격이 싼 물건을 살 때 가성비가 좋다고 하죠. 이를 경제적인 의미에서 효율적인 소비라고 할 수 있어요. 효율이란 같은 에너지를 투입했을 때 더 많은 성과를 내는 것을 말하니까요. 효율성을 높이는 것은 자원을 아끼는 일이므로 분명 좋은 일이라고 할 수 있어요. 그래서 공동체의 의사 결정에 대해서도 똑같이 경제적인 원리를 적용해서 ‘어차피 생각이 다른 사람들이니 결국 투표로 결정할 거야. 의사 결정을 하는 것도 에너지를 쓰는 일인데 빨리 결정하면 더 효율적인 의사 결정 아닐까?'라고 생각하는 것이죠. 하지만 저녁 메뉴를 정하기 위해 투표를 하기 전에 어떤 음식을 정말 피하고 싶은지도 함께 생각했다면 5명 중 과반 이상이 원하지 않는 음식을 피할 수도 있었을 거예요. 효율성이 중요한 판단 기준이기는 하지만 그렇다고 언제나 좋은 기준은 아닌 거죠.

신속하고 효율적인 결정이 필요할 때도 있지만, 우리가 어떤 선택을 했을 때 그 피해가 되돌리기 어려울 정도라고 생각된다면 좀 더 신중할 필요가 있어요. 이때 필요한 것이 숙의, 곧 충분히 생각하고 여러 사람이 공론을 통해 꼼꼼하게 따져 보는 일이에요. 그래서 이를 숙의 민주주의라고 불러요.

흔히 사람들이 어떤 문제를 만났을 때 이렇게 말하곤 해요. "일단 해 보고, 안 되면 다른 방법을 찾아보자고!" 이것은 주저하느라 시간만 보내는 것보다는 나은 방법이 틀림없어요. 하지만 인류가 핵전쟁을 일으켰다고 해 보세요. 곳곳에서 핵폭탄이 터져 끔찍한 피해가 일어났는데, "아, 피해가 크니까 앞으로 핵전쟁은 해서는 안 되겠구나!"라고 반성하면 될까요? 아마도 그렇게 반성할 기회조차 갖지 못할 거예요. 인류의 문명과 생활방식이 초래할 기후 재앙에 대해서도 마찬가지예요. 어떤 변화는 결코 되돌릴 수 없는 변화들이 있어요. 그럴 때는 "해 보고, 안 되면 다시 해 보자"는 식의 대응보다는 훨씬 더 신중한 생각과 고민이 필요해요.

프로메테우스가 되어야 한다고?

AI와 같은 첨단 기술이 인류의 미래에 커다란 영향을 미치기 시작했습니다. 이런 상황에서 우리에게 정말 필요한 것은 무엇일까요?

에피메테우스는 그리스 신화에 나오는 프로메테우스의 동생이에요. 둘 다 거인족이었죠. 그 이름에 주목해 보면, 프로메테우스는 미리 생각한다는 뜻이고, 에피메테우스는 나중에 생각한다는 뜻이에요. 형인 프로메테우스는 어떤 일을 하기에 앞서 무엇이 중요하고 무엇이 우선해야 하는지를 곰곰이 생각해 보고 일을 하는 데 반해, 동생인 에피메테우스는 기분 내키는 대로 일단 일을 저질러 놓고 나중에 생각해요.

어느 날 이 형제에게 신들이 일을 맡겨요. 세상에 태어난 여러 존재에게 각각 걸맞은 능력을 나누어 주는 일이었죠. 평소에 신중하지 못하다고 핀잔을 많이 듣던 에피메테우스는 이번에야말로 자신이 얼마나 일을 잘하는지를 보여 줄 기회라고 생각합니다. 그래서 형에게 이번 일은 자신이 맡아서 하겠다고 나서죠. 프로메테우스는 동생이 미덥지 못하기는 했지만 하도 조르는 통에 일을 맡기고 말아요.

에피메테우스는 신이 나서 이 세상 피조물들에게 재능을 나누어 주기 시작하죠. 사자와 호랑이에게는 억센 발톱과 힘을 주고, 새에게는 하늘을 날 수 있는 날개를 주었어요. 그렇게 다 나누어 주고 일이 잘 끝났다고 생각하던 참에, 한구석에 추위를 이겨낼 털도 없고, 날개도 없으며, 억센 힘도 없는 연약한 존재 하나가 보였어요. 바로 벌거벗은 인간이었어요. 그런데 에피메테우스가 생각 없이 재능을 마구 나누어 준 탓에 인간에게 나누어 줄 재능은 아무것도 남아 있지 않았어요. 할 수 없이 그는 형에게 도움을 청했어요. 프로메테우스는 어쩔 수 없이 제우스 몰래 불을 훔쳐다가 인간에게 주었죠. 신체적으로 나약했던 인류는 그 불 덕분에 사나운 맹수로부터 자신의 몸을 지킬 수 있게 되었어요.

"프로메테우스처럼 신중하게 미래를 준비할 수 있어야"

이 오래된 이야기에는 여러 문화적 상징이 담겨 있어요. 인간은 프로메테우스처럼 미리 생각하는 존재이기도 하고, 에피메테우스처럼 나중에서야 생각하는 존재이기도 해요. 우리 주변에는 매사에 미리 침착하게 준비하는 사람도 있고, 일단 일을 저지르고 나서야 생각하는 사람들도 있어요. 미래를 준비하는 사람이라면 어때야 할까요? 당연히 프로메테우스의 후예여야 할 겁니다.

프로메테우스가 인간에게 가져다준 불은 도구와 기술을 뜻하곤 해요. 오늘날 인류는 유례없이 빠른 변화를 겪으며 살고 있어요. 그런 변화의 밑바탕에 첨단 기술의 발전이 있죠. AI, 로봇,

생명공학, 우주과학 등 기술의 발전은 과거 인류가 그저 상상으로만 생각했던 일들을 현실화하고 있어요. 이런 첨단 기술들은 인류 문명을 돌이킬 수 없을 정도로 바꿀 수도 있을 거예요.

우리가 특히 주목해야 하는 것은 바로 AI 기술이라고 할 수 있어요. 왜냐하면 첨단 기술을 발전시키고 새로운 도구를 발명하는 일에 AI를 쓰기 시작했거든요. AI는 놀라운 능력으로 인간이 할 수 없는 일들을 해내고 있어요. 인간이 호모 사피엔스라는 이름으로 누려 왔던 특권적인 특징, 새로운 것들을 생각해 내고 연구하는 일에 AI가 깊숙이 개입하고 있어요. AI 덕에 인류 문명은 더 빠르게 발전할 수 있을지도 몰라요. 하지만 그것은 우리가 예상치 못한 변화를 만들어 내고 그에 따른 부작용을 낳을 수 있어요.

앞으로 더더욱 필요한 것은 프로메테우스처럼 신중하게 미래를 준비하는 지적인 힘과 태도일 겁니다. 더 나아가 우리의 어떤 결정이 그 의도와 상관없이 파괴적인 결과를 낳을 수도 있다는 점을 고려한다면, 공동체의 구성원들이 함께 토론하고 해법을 찾아 우리가 바라는 미래가 되도록 서로 협력해야 해요. 이제까지 줄곧 강조해 온 비판적으로 사고하려는 태도, 다시 말해 스스로 생각하고 열린 마음으로 다른 사람들과 함께 미래를 준비하려는 태도, 그것이 빠르게 변화하고 있는 오늘날 미래 시민이 갖추어야 할 가장 중요한 자격 조건입니다.

질문하는 사회 15
AI한테 내 생각을 맡겨도 될까?

초판 1쇄 발행 2026년 3월 25일

지은이 박승억
그린이 김소희
펴낸이 이수미
편집 김연희
북 디자인 신병근, 선주리
마케팅 임수진

종이 세종페이퍼　인쇄 두성피엔엘　유통 신영북스

펴낸곳 나무를 심는 사람들
출판신고 2013년 1월 7일 제2013-000004호
주소 서울시 용산구 서빙고로 35 103-804
전화 02-3141-2233　팩스 02-3141-2257
이메일 nasimsabooks@naver.com
블로그 blog.naver.com/nasimsabooks
인스타그램 @nasimsabook

ISBN 979-11-93156-38-4
979-11-86361-44-3(세트)